蒙台梭利幼儿教育丛书

单中惠 主编

为了新世界的教育
童年的教育

【意】玛丽亚·蒙台梭利 著　单中惠 李爱萍 王晓宇 译

山东教育出版社

图书在版编目（CIP）数据

为了新世界的教育·童年的教育 ／（意）玛丽亚·蒙台梭利著；
单中惠等译. —济南：山东教育出版社，2018

（蒙台梭利幼儿教育丛书 ／ 单中惠主编）

ISBN 978-7-5701-0254-9

Ⅰ. ①为… Ⅱ. ①玛… ②单 Ⅲ. ①幼儿教育-教育理
论 Ⅳ. ①G610

中国版本图书馆CIP数据核字（2018）第111963号

MENGTAISUOLI YOUER JIAOYU CONGSHU

WEILE XINSHIJIE DE JIAOYU / TONGNIAN DE JIAOYU

蒙台梭利幼儿教育丛书 单中惠 主编

为了新世界的教育/童年的教育 ［意］玛丽亚·蒙台梭利 著

单中惠 李爱萍 王晓宇 译

主管单位：山东出版传媒股份有限公司

出版发行：山东教育出版社

地址：济南市纬一路321号 邮编：250001

电话：（0531）82092660 网址：www.sjs.com.cn

印 刷：山东泰安新华印务有限责任公司

版 次：2018年10月第1版

印 次：2018年10月第1次印刷

开 本：710毫米×1000毫米 1/16

印 张：13

印 数：1-5000

字 数：159千

定 价：48.00元

（如印装质量有问题，请与印刷厂联系调换）印厂电话：0538-6119313

总　序

自20世纪成为"儿童的世纪"以来，意大利著名幼儿教育家玛丽亚·蒙台梭利（Maria Montessori）通过她的"儿童之家"实践和理论被世人誉为"儿童世纪的代表"。1907年1月6日，她在意大利罗马创办了第一所"儿童之家"，开始了举世闻名的"儿童之家"教育实验和幼儿教育理论研究。作为现代幼儿教育大师，蒙台梭利不仅倾注自己的全部精力投身于幼儿教育实践，而且潜心于幼儿教育问题的思考和幼儿发展的研究，还在创立具有特色的幼儿教育体系的同时，积极地在世界范围进行宣传推广和教师培训。因此，在幼儿教育理念和方法的革新上，对20世纪以来的世界各国幼儿教育发展和改革产生了巨大而深远的影响。

对于蒙台梭利的幼儿教育实践和理论，世界上很多国家的教育家给予了高度评价和充分赞誉。这里，我们精选其中一些教育家的评价和赞誉：

美国教育家杜威（J. Dewey）在《明日之学校》中指出："在传播对任何真正的教育都不可缺少的自由方面，蒙台梭利已成为一个最重要的人物。"

瑞士心理学家和教育家皮亚杰（J. Piaget）在《教育科学与儿童心理学》中指出："蒙台梭利……对于特殊儿童心理机制的细致观察，便成了一般方法的出发点，而这种方法在全世界的影响是无法计算的。"

英国教育家拉斯克（R. R. Rusk）和斯科特兰（J. Scotland）在《伟

大教育家的学说》中指出："蒙台梭利体系最有意义的特点是教育的个性化。……在相当短的时间里，玛丽亚·蒙台梭利就得到了国际上的认可。……因为蒙台梭利的体系像卢梭、裴斯泰洛齐和福禄培尔的体系一样，是建立在相信每一个儿童具有天赋潜能这一信念基础上的，所以，她被公认为进步教育的一个先驱者。"

当代澳大利亚教育家康乃尔（W. F. Connell）在《二十世纪世界教育史》中指出："蒙台梭利的影响是深远的，也许对世界上每一个国家都有影响。在幼儿教育方面，自德国幼儿教育家福禄培尔时代以来，蒙台梭利的影响是最大的。"

当代德国比较教育学家赫尔曼·勒尔斯（H. Rohrs）在《世界著名教育思想家》的"蒙台梭利"中指出："玛丽亚·蒙台梭利首创的一个国际范围的丰富多彩的计划，至今依然没有堪与匹敌者。……蒙台梭利是国际新教育运动的一位真正的倡导者，因为她的改革不只是一种机械过程，用一些尽可能好的方法去取代旧的方法；她更关注的是生命的重塑和更新。"

当代美国学前教育家莫里森（G. S. Morrison）在《今日早期儿童教育》中也指出："蒙台梭利教育法已经并且至今仍被世界儿童早期教育专业人员和父母所熟知。蒙台梭利教育法能够支持儿童在准备充分的环境中自然地发展。"

尽管蒙台梭利教育思想早在20世纪20年代就在近代中国得到了一定的传播，但蒙台梭利教育在我国得到较为广泛的传播和较为深入的实践是在改革开放之后。其主要表现在：开办了一些蒙台梭利式幼儿园（有的也称为"儿童之家"），生产了成套的蒙台梭利教具，翻译出版了蒙台梭利幼儿教育著作，培训了一批蒙台梭利式幼儿教师，召开了全国性或地区性的蒙台梭利教育研讨会议，开展了与国际蒙台梭利协会（AMI）和美国蒙台梭利协会（AMS）的交流与合作。特别值得注意的是，2015年11月，中国教育学会在山东青岛举办了题为"蒙台梭利教育在中国：科学化、本土化、规范化"的全国性研讨会，会上还颁布了《中国教育学会蒙台梭利学前教育机构认证标准》；2016年又成立了中国教育学会蒙台梭利教育专家委员会，论证通过了《中国教育学会蒙台梭利学前教育教师资质认证标准》和《中国教育学会蒙台梭利教师教育机构认证标准》。

2018年是蒙台梭利的"儿童之家"创办111周年。为了更好地推进蒙台梭利教育在中国的科学化、本土化、规范化，我们翻译和编著了"蒙台梭利幼儿教育丛书"。该丛书主编是中国教育学会蒙台梭利教育专家委员会委员、华东师范大学教育学系博士生导师单中惠教授。

基于理论和实践结合的视角，"蒙台梭利幼儿教育丛书"论及蒙台梭利理论著述和教具操作两个方面，共八册。

在理论著述方面，有四册，具体包括了《科学的幼儿教育方法》（1909）、《童年的秘密》（1936）、《为了新世界的教育/童年的教育》（1946/1949）、《有吸收力的心理》（1949）。除《童年的教育》由上海政法学院教授李爱萍博士、上海政法学院副教授王晓宇博士翻译外，其余译著均由单中惠教授翻译。四册译著系根据蒙台梭利幼儿教育著作英文本翻译的，尽力遵从忠于原著、忠于读者和对文学语言忠诚的"信、达、雅"三个标准。从这四册译著来看，具有体现原汁原味、增加必要注解和标注英文页码三个特色。

在教具操作方面，有四册，具体包括了《蒙台梭利感官训练教具操作》（傅晨、董吉贺、王丛丛等著）、《蒙台梭利实际生活练习教具操作》（傅晨、王玉华、王丛丛等著）、《蒙台梭利数学教育教具操作》（傅晨、贾红梅、王丛丛等著）、《蒙台梭利科学文化教具操作》（傅晨、姜利、董吉贺等著）。四册教具操作由山东女子学院傅晨副教授组织相关幼儿教育学者和幼儿园教师共同编著，尽力清晰地阐述蒙台梭利教具操作理论和具体的操作步骤。

从这四册教具操作来看，在图文并茂地阐述的基础上，更注意凸显"示范点评"。

在"蒙台梭利幼儿教育丛书"出版之际，我们衷心感谢山东教育出版社领导的高度重视和大力支持，同时还诚挚感谢教育理论编辑室主任蒋伟编审以及编辑们的辛勤劳动。

"蒙台梭利幼儿教育丛书"得到了中国教育学会蒙台梭利教育专家委员会的推荐，在此表示最诚挚的感谢！我们期望该丛书的出版，不仅能推进蒙台梭利幼儿教育在中国的发展和研究，而且能给更多的幼儿园教师、幼儿教育工作者和幼儿教育学者以及父母们提供优质的蒙台梭利幼儿教育读物，并从阅读中得到蒙台梭利幼儿思想和方法上的更多启迪。

主编　单中惠

2018年6月

目 录

为了新世界的教育

单中惠　译

1

童年的教育

李爱萍　王晓宇　译

单中惠　校

为了新世界的教育

单中惠　译

译者前言

对幼儿教育新视野的简要诠释

单中惠

《为了新世界的教育》（*Education for a New World*）是一本在世界上产生广泛影响的幼儿教育经典著作。这是现代意大利幼儿教育家玛丽亚·蒙台梭利（Maria Montessori, 1870—1952）后期的著作，通过论述培养新人和建设新世界以及对蒙台梭利式教师的新展望，简要诠释了幼儿教育的新视野。

自瑞典教育家爱伦·凯（Ellen Key）1900年提出"20世纪将是儿童的世纪"之后，蒙台梭利通过"儿童之家"教育实践和幼儿教育理论体系向世人证明，她是当之无愧的"儿童世纪的代表"。蒙台梭利1870年8月31日出生于意大利安科纳省。在早期的学校生活中，她已萌发了关心和照顾未来儿童的想法。1886年，从中学毕业的蒙台梭利进入高等技术学院学习。出于对生物学的强烈兴趣，她于1890年秋天进入了罗马大学医学院。1896年，通过勤奋学习，蒙台梭利成为意大利教育史上第一位女医学博士。博士毕业后，蒙台梭利担任罗马大学附属精神病诊所助理医生，并利用业余时间从事心智缺陷儿童的神经与心理疾病的研究。从1897年起，她从事心智缺陷儿童的教育工作。1901年，蒙台梭利离开意大利国立特殊儿童学校，开始致力于正常儿童的教育。1907年1月6日，她在罗马圣洛伦佐区创办了第一所"儿童之家"（Casa dei Bambini）。由此，蒙台梭利开始进行系统的教育实验，设计了各种幼儿教育教具，提出了科学的幼儿教育方法，创立了举世闻名的蒙台梭利教育体系。为了进一步传播自己的幼儿教育理论和方法，蒙台梭利还在国内外开设了培训班，培养蒙台梭利学校教师。蒙台梭利的幼儿教育经典著作主要有《科学的幼儿教育方法》（1909）、《童年的秘密》（1936）、《为了新世界的教育》（1946）、《童年的教育》（1949）、《有吸收力的心理》（1949）等。

作为现代幼儿教育大师，蒙台梭利在本书的"导言"中明确指出："本书的目的是诠释和保护儿童的伟大力量，以及帮助教师获得一种将改变他们所从事的教育工作的新视野。"在她看来，教育者必须认识到："儿童是一个精神实体，儿童是一个规模巨大的社会群体，儿童是一种真正的世界力量。……儿童是人的建造者，也是社会的建造者。儿童具有一种内在力量，这种内在力量能够引导我们走向一个更加光辉灿烂的未来。"

第一，蒙台梭利简要阐述了她闻名世界的教育体系的产生和发展。尽管在她创办的"儿童之家"实践中形成了自己的教育方法（称之为"蒙台梭利方法"），但蒙台梭利坚持认为她自己是"儿童的诠释者"，其所做的事情仅仅是研究儿童，仅仅是接受和阐释儿童所给予自己的东西。因此，"如果教育要进行改革的话，那就必须以儿童为基础"。

第二，蒙台梭利简要阐述了"有吸收力的心理"的观念。她强调指出："有吸收力的心理这个新观念抓住了生命机能的本质，同时改变了先前所有的儿童教育观念。"在她看来，"诞生后的头三年是最重要的，这三年中的影响能够改变儿童一生的性格。"正是儿童自己利用了在他周围所发现的全部因素，为了未来而塑造他自己。因此，儿童的巨大力量是难以想象的。蒙台梭利还提出，应该基于胚胎学和行为主义的观点来探究幼儿有吸收力的心理的秘密。

第三，蒙台梭利简要阐述了"教育始于诞生时"的观念。她明确指出，教育之所以始于诞生时，是因为在新生儿的心理中有些力量是如此的强大，他们不仅具有创造任何能力的可能性，而且具有使人适应任何条件的可能性。儿童"在生命的第一个时期，把来自环境的印象固定下来并储存起来，因而它是最活跃的心理活动时期，它是在环境中吸收一切的活动"。对于教育者来说，应该认真探索儿童语言的奥秘、运动及其在教育中的作用以及模仿行为与活动周期。

特别有意义的是，蒙台梭利还专门阐述了人们十分感兴趣的"三岁儿童"问题。她强调指出，人只是在三岁时才开始有充分的意识和记忆。对于三岁儿童来说，仍在工作的内在教师正在正确地指引他。因此，三岁儿童必须通过在环境中的练习得到发展，使用他在前一时期已创造的东西；同时，三岁儿童也肯定会为他自己而动手做一些事情。

第四，蒙台梭利简要阐述了通过观察而发展的教育方法。她明确指出："儿童专注于那些早已记在他心里的东西，以及早已在以前的时期里所吸收的东西，因为无论获得什么，他都会记在心里并进行思考。""人天生就是一个有心智的生物，其对精神食粮的需要甚至超过对身体食粮的需要。"此外，蒙台梭利还阐述了儿童的纪律、性格、意志、服从等问题。

第五，蒙台梭利简要阐述了对"蒙台梭利式教师"的要求。她明确指出："一位普通教师不能直接转变为蒙台梭利式教师，而必须重新进行精神革新，使她自己摆脱教育学偏见。""我们所描述的所有活动都归因于教师的积极准备和指导。"因此，蒙台梭利式教师必须信任将通过工作来表现自己的儿童，对儿童怀着深深的爱，并探究和了解儿童的秘密。蒙台梭利还自豪地指出："在我们新的教育方法中，最大的努力就是引导教师从这些或那些偏见中解放出来，最大的成功就是教师很好地摆脱了偏见而获得了自由。"

印度神智学会1882年在阿迪亚尔成立总部，阿伦戴尔（George Sidney Arundale，1878—1945）从1933年至1945年担任该学会主席。1939年，阿伦戴尔邀请蒙台梭利赴印度进行学术演讲和教师培训。《为了新世界的教育》一书系蒙台梭利在锡兰举办的"蒙台梭利方法培训课程班"系列讲演的汇集。本书是根据印度马德拉斯的克谢特拉出版公司（Kalakshetra Publications）1946年出版的英文本翻译的。该书自出版后，仅仅到1969年，就重印了4次（1948、1959、1963、1969）。英文本全书为13章。为方便读者阅读，中文译本把原来的第一章"导言"单独列出，因而全书现为12章。

《为了新世界的教育》一书的翻译出版，肯定能对那些想了解蒙台梭利幼儿教育新视野的人提供一些理论指导和有益帮助。特别是蒙台梭利对"蒙台梭利式教师"要求的简要阐述，不仅会对幼儿教育教师，而且也会对父母们有很大的启迪。

谨以本书纪念印度神智学会主席乔治·西德尼·阿伦戴尔（*George Sidney Arundale*）。正是他邀请我访问印度，使我有机会了解这个神奇的国家，并结识了这个伟大的民族。

导　言

玛丽亚·蒙台梭利

　　本书的目的是诠释和保护儿童的伟大力量，以及帮助教师获得一种将改变他们所从事的教育工作的新视野，从而使他们自己的工作从单调乏味变成乐趣无穷，从对儿童天性的压抑变为同儿童天性的合作。由于我们的世界已被搞得支离破碎，因此需要进行重构。其重构的首要因素就是教育，但是，思想家们通常对加强教育的建议就是回到宗教。一个和平的、和谐的社会建设将消灭战争，然而人类还没有为如此艰难的进展做好准备。人们没有受到充分的教育，还不能对一些事件进行控制，因而成了它们的牺牲品。尽管随处可见一些崇高的思想和高尚的情感，但战争还是没有停止！如果教育还是沿着仅仅是传递知识的那种旧的道路前进，那问题将仍然是不能解决的，世界也将是没有希望的。只有通过对人类个性的科学分析，正确运用儿童的力量，才能引导我们得到解救，所以，我们应该使自己认识到：儿童是一个精神实体，儿童是一个规模巨大的社会群体，儿童是一种真正的世界力量。如果存在着解救和帮助的希望，那么这种希望就是来自儿童的。因为儿童是人的建造者，也是社会的建造者。儿童具有一种内在力量，这种内在力量能够引导我们走向一个更加光辉灿烂的未来。教育不再应该仅仅是大部分知识的传授，而应该走一条新的道路，寻求人的潜能的发展。那么，这样的教育应该从什么时间开始呢？我们的回答是：人类个性的伟大始于诞生时。实际上，这个断言充满着现实性，然而它显然是神秘的。

新生儿的心理生活已经引起了科学家和心理学家们的极大兴趣，他们对出生后三小时到五天的婴儿进行了观察。这些观察的结果是：生命的最初两年是人的一生中最重要的时期。观察表明幼儿是具有独特的心理能量的，并指出通过同儿童天性的合作（确切地说是教育）的新道路把这些心理能量激发出来。几千年来，人们对儿童富有活力的和不断发展的建构能量一直是无知的，但它实际上是一种心智财富的矿藏，就如同最早在地球上生活的人们并不知道深埋在地下的巨大的财富宝藏一样。所以，至今人们还不认识儿童精神世界所隐藏着的那些心智宝藏，并从一开始就不断地压制儿童的建构能量并把它们碾成粉末。现在，一些人第一次开始察觉到一种从未开采过的心智宝藏的存在，它比黄金更加珍贵，那就是人的心灵本身。

对生命最初两年的观察，揭示了心理建构的新规律，也指出了儿童的心理完全不同于成人的心理。所以，新的道路就在这里开始了。在这种新的道路上，将不是教师教导儿童，而是儿童教导教师。

3　　这种观念看起来似乎是荒谬的，但当我们认识到儿童具有一种吸收知识的心理模式而使他自己受到教育时，这个真理就变得清晰了。通过儿童获得语言——一种伟大的智力成就，这一点很容易得到证实。两岁儿童说着他父母的语言，尽管没有人教过他。所有研究这种现象的人都会承认，在儿童生命的某一特定时期，儿童开始使用与他自己的环境相关的名词和词语，不久又会使用所有规则的和不规则的语法结构。后来证明，成人在学习一种陌生语言时，也会遇到这样的障碍。所以，儿童是一位非常严格认真的和精确严谨的教师，甚至遵守着一个时间表。一些心理学家使我们确信：儿童在三岁时会出现一种情况，即他早已获得了一些知识，而成人要花费60年的艰苦工作来获得同样的知识。

此外，科学的观察已表明，教育并不是教师所教过的那些知识，而是一个人个体自发形成的自然过程。其不是仅仅通过听别人说话，而是通过环境中的经验获得的。教师的任务就是为一系列有目的的文化活动做准备，设置一种专门准备的环境，并制止人为强加的干预。人类的教师只能是对儿童已经做的重要工作提供帮助，就如仆人帮助主人一样。如果教师这样做的话，那他们将证明自己有助于人类心灵的展现和一种新人（New Man）的出现。这种新人将不是一些事件的牺牲品，而将具有指引和决定人类社会未来所需要的远见卓识。

第一章 蒙台梭利体系的产生和发展

如果教育要进行改革的话，那就必须以儿童为基础。现今，仅仅学习 过去的一些伟大教育家，诸如卢梭（Jean J. Rousseau）[①]、裴斯泰洛齐（Johann H. Pestalozzi）[②]和福禄培尔（Friedrich W. A. Froebel）[③]，已经远远不够了，因为时代已经发生了变化。而且，我本人并不愿意作为本世纪[④]伟大的教育家而受到人们的尊敬，因为我所做的事情仅仅是研究儿童，仅仅是接受和阐释儿童所给予自己的东西，它被称为"蒙台梭利方法"（Montessori Method）。因此，我至多是儿童的诠释者（the child's interpreter）。我已有40年的工作经验，这种经验开始于对心智缺陷儿童的医学和心理学研究，我曾试图去帮助这些心智缺陷儿童。在这些研究中，我能够有那么多的发现。当接触到源于与这些心智缺陷儿童的潜意识心理合作的新观念时，我

---

① 卢梭（1712—1778），法国启蒙思想家、教育家。主要著作有《爱弥儿》等。——译者注

② 裴斯泰洛齐（1746—1827），瑞士教育家。主要著作有《林哈德与葛笃德》《致格瑞夫斯的信》《葛笃德如何教育她的子女》等。——译者注

③ 福禄培尔（1782—1852），德国教育家。世界上第一所幼儿园的创立者。主要著作有《人的教育》《幼儿发展中的教育》《幼儿园教育学》等。——译者注

④ 指20世纪。——译者注

决定把这种实验扩大到正常儿童。于是，我在罗马几个最贫困的地区创办了一些"儿童之家"（House of Children），招收三岁以上的儿童。"儿童之家"的来访者十分惊讶地发现四岁儿童正在书写和阅读，就问一个儿童："谁教你书写的？"对这个问题感到疑惑的那个儿童抬起头看着他们回答说："谁教？没有人教过我。我自己学会书写的。"因此，报纸开始充斥了有关"儿童自发地获得文化"的报道，心理学家们确信这些儿童是具有特殊天赋的儿童。在一段时间里，我也有同样的看法。然而，一些更深入的实验很快就证明：所有儿童都具有这些天赋能力，因为教育仅仅在六岁后才可能的错误观念使得儿童那些最珍贵的时间被浪费了，所以，他们的发展受到了极大的阻碍。阅读和书写是文化的基本方面，没有它们就不可能获得其他方面的知识。对人来说，阅读和书写都不是天生的，例如，口语，尤其是书写，一般被看作一个艰难的任务，因为它只是要求年龄更大的儿童去完成。

但是，我让四岁儿童认识字母表上的那些字母，在正常儿童身上重复了起初在心智缺陷儿童身上所尝试的一些实验。我发现，恰恰出现了形成对照的情况，每天给儿童教一些单个字母，但他们并没有留下什么印象；可是，当我想起制作有凹槽的木制活动字母时，我让儿童用他们的手指沿着活动字母的凹槽描画，他们马上就认识了那些字母。通过所应用的一些方法，甚至心智缺陷儿童在一段时间之后也能够学会一点书写。所以，我认识到，对还没有充分发展的儿童来说，触觉对于他们的发展肯定是一种重要的帮助。我用硬纸板为儿童们制作了一些简单的字母教具，使他们的手指尖沿着字母轮廓描画。当正常儿童运用这些字母教具进行练习时，产生了完全意想不到的现象，他们充分展现了自己。在9月份的后半月，我们把这些字母教具提供给儿童们，当年他们就能够用这些字母书写圣诞贺卡！我做梦也没有想到，儿童们竟然会有这样迅速的进步。进而，儿童们开始提出有关字母的问题，并把字母和发音结合起来。他们看起来就好像是一部正在从整个字母表上进行吸收的小机器，在他们心里仿佛有一种与字母表联系的真空状态。这种现象是令人十分惊讶的，但也是容易进行解释的。那些字母是一种早已在儿童心灵里图解的语言刺激，帮助他分析自己的言语。当儿童只掌握一些字母时，如果他想到一个包括发音的名词超出他能够发的那些音，那他就自然而然地会问如何书写它们。在儿童身上存在着一种学习越来越多知识的内在渴望，他自己尽力拼写单词，并知道在说话中如何使用单词。无论那个单词多么长和多么困难，在教师把这个单词读一遍后，儿童就能够复读出来，并从那个预先准备好的字母盒格子里取出所需要的字母。一位教师迅速地随意读出一个单词，回头就看到儿童已经用可移动的字母把它拼写好了。对这些四岁儿童来说读一遍就已经足够了，尽管一个七岁或年龄更大一点的儿童在他正确掌握这个单词时会要求更多次的重复。显然，所有这一切都归因于那个独特的敏感期。在敏感期，处于这个年龄阶段的儿童的心理就像是柔软的蜡，容易接收外界的印象，这在以后的阶段是不能做到的，因为到那时这种独特的敏感性已经消失了。

作为在儿童身上继续进行的内在工作的一个进一步结果，那就是书写现象的出现。当与发音分离的单词得以形成时，儿童已通过可移动的字母的方式在外形上对单词进行了分析和再现。他已知道字母的形态，因为他一次一次地触摸了字母，所以，书写突然出现了，就像突然说话一样是一种爆发。当这个机制形成时，当它的时机成熟时，整个语言出现了，而不是像那些普通学校里通常的做法那样，首先是一个字母，然后是两个字母的结合。如果一两个字母认识了，那其他字母也就跟着认识了。儿童知道

15

7 如何去书写，因而他能够书写所有的词。现在，儿童继续不断地进行书写，不是作为一件冷漠地服从命令的事情，而是作为一种极有兴趣地服从的刺激。那些儿童可以用手拿住每一样东西来书写，例如，用粉笔在路上或墙上书写。只要有一点书写的空间，无论是适合书写的地方，还是不适合书写的地方，甚至在一个面包片上，都会发现儿童书写的字！他们的贫困母亲既不识字，又没有笔和纸张，就会来寻求我们的帮助，以满足她们孩子的需要。我们在笔和纸张上提供了帮助，这样她们的孩子会一直书写到深夜，甚至手里拿着笔就睡着了。

起初，我们在提供帮助时给予儿童专门的横格子纸，格子的间距开始大，然后渐渐减小。但不久我们就发现，这些儿童能够平稳而流畅地在任何格子上书写，但有些儿童喜欢使他们书写的字小得刚刚能够辨认。在所有事情中，最令人惊讶的是，他们能够漂亮地书写，甚至比其他学校三年级小学生书写得还要好。他们书写的字体是十分相近的，那是因为所有儿童都触摸过相同的字母，所以，相同的字母形态已被固定在他们的肌肉记忆之中。

现在，这些儿童已知道如何书写了，但还不知道如何阅读。这种情况初看起来是离奇和荒谬的，但思考一下就觉得它并非如此。一般地，儿童首先学习阅读，然后学习书写，但是，我们的儿童首先在他们自己心里分析一些字词，然后用字母表上的字母并排相连地再现它们，每一个字母本身对应着已存在于儿童心里的字词中的一个语音。在儿童的敏感期，在字母和言语之间的这种结合已发生了，语言本身也已丰富了；而现在，儿童是通过用手书写的方式来留下印象，代替仅仅通过嘴唇说话的方式。但是，儿童还不能阅读，其障碍可能是书写中所使用的印刷字母和手写方式之间的差别。为了克服这个困难，我们尝试介绍字母的不同字体。当儿童自己突然开始阅读时，他们可以阅读任何印刷体，甚至包括在日历本上出现的哥特体①。这个现象发生在儿童第一次试图用活动字母组词五个月之后，他们身上再一次表现出对工作的一种内在驱动力，促使他们努力去理解那些未知的字母符号的含义。儿童正在进行一种工作，它类似于科学家的工作。科学家在人们不认识的语言文字中研究史前文字资料，通过仔细比较和精心观察从那些未知的符号中推断出其含义，因此，一个新的火焰已在儿童的心中燃起。父母们抱怨说，他们不能带自己的孩子散步，因为孩子总是在每一个小商店前停下来，去猜那些悬挂着的商店招牌的意思。在五岁之前，这些儿童已经能够阅读各种书了。

在数学方面，即文化的另一方面，并不像书写那样容易进行解释。我们从三个观点来考察数学：

1. 算术——数的科学。

2. 代数——数的抽象。

3. 几何——数的抽象的抽象。

根据我们指导儿童的经验，在很久以前几乎是难以置信的一个年龄阶段，我们把这三个方面结合了起来。事实证明，它是一种重要的帮助以及一种很有效的方法。它仿佛能使一个物体在一个不稳定的支点上得到平衡，我们把它放在三个强有力的基点之上，使它结合起来而具有极大的稳定性，例如，在呈现数字时，我们用几何形式对它们进行分组，所制作的数学教具几乎同时涉及这三个方面。对学习数字以及它们的几何图形，儿童们表现出特别的兴趣，那几乎就是一种激情。在这之后不久，这些数字及其它们之间关系的抽象概念，就是通过代数的方式而形成的。这也是一件令人

---

① 哥特体，中世纪北欧国家流行的字体。——译者注

9　十分惊讶的事情，因为儿童起初并没有表现出他们在书写中表现出的兴趣。因此，人们很容易会说，儿童对语言感兴趣，而对数学不感兴趣，因为数学对他来说太枯燥和太抽象了！事实上，我们也受到了这种偏见的影响，把数学限于四则运算以及十以内的数字。但是，儿童自己揭示了一个真理，因为当十进位制提供给一些年龄大一点的儿童时，五六岁儿童已有极大的热情喜欢它和学习它了，他们并不仅仅是学习十以内的数字。使我们更为惊讶的是，四岁儿童对它也很有兴趣，现在连三岁儿童也进行这样的运算，所以，我们不得不介绍代数和几何。如果代数和几何作为可以操作的教具来介绍，那儿童会很高兴地喜欢它。最后让我们激动的是，发现一个儿童自己专注于运算三项式的立方（$a+b+c$）^{3}。他独自地进行思考，如果可以使用a和b，那为什么字母表上的其他字母不可以使用呢？因为儿童是不喜欢被限制的！

　　这种有活力的和迅速的发展并没有史前史，就像语言的发展一样。在它显现之前，我们还不能追溯它的开始和发展，所以，我们仅仅能够推断儿童在早期的年龄阶段存在着对数学的一种专门意向。我们观察到这样的事实：在儿童身上显现的不仅是兴趣，而且甚至是热情。例如，要求儿童在运算中达到最大的精确，因此，运算越复杂，他们的热情就越高。这种精确性看起来不仅表现在一些运动和练习中要求精确的操作上，而且表现在对一种花卉或一种昆虫的细心观察中存在的一种精确倾向上。也许，它

10　直接表现在数量的精确上。算术是一种抽象，所以，把这种精确带到了抽象的水平。从教具开始，儿童进而过渡到抽象的数字，再过渡到更加抽象的代数阶段，他们在所有三个领域（教具、抽象、代数）精确地工作，能够被实现这种结合的工作所吸引。因为伟大的哲学家和物理学家帕斯卡

（Blaise Pascal）^①的帮助，我们得到了这一结论。帕斯卡专注于数字和数量的研究，断言人的心理具有数学特质，进步的道路就是沿着这种心理特质的。一般地，这个断言受到了人们的热烈欢迎，因为普通教师的实践经验似乎显示出：就人的心理而言，在所有的学科中，数学是最令人厌烦的。现在，年幼儿童正在证明帕斯卡的观点是正确的！帕斯卡更加深入地阐述了他自己的结论，他认为人类的整个活动是在他们周围的环境中展开的，并且总是在越来越精确的限度之内展开的；这种精确性只能通过人的心理来实现，这表明人的心理具有这种数学特质。正如在历史上所看到的，人的心理致力于他的环境的改造，致力于对他周围的事物和他周围出现的现象的解释。为了实现这一目的，必要的是对这些事物的精确认识，并关注于事物的精确性。帕斯卡在两百年前就发现了这种精确性，它正是人类心智的一种基本特征。

　　在具有重要意义的疲劳问题上，六岁前的儿童显现出一些惊人的现象。在普通学校里，儿童们很快就疲劳了，教学活动也就变得很困难。于是，在儿童早期的年龄阶段进行教学活动似乎是残酷的，关爱孩子的父母要求他们的孩子什么事情都不做，只是玩耍和睡觉。但是，一些迹象告诉我们：儿童自己对这种教学计划极为反感，并用各种淘气行为来进行有力的反抗。我们对三岁至六岁儿童甚至年龄更小的儿童的实验表明，实际上，在那个年龄阶段进行学习不仅不会产生疲劳，而且会变得更加健壮。并不是所有的工作都会带来疲劳，例如，我们做了很多工作，如在进餐时要用颌、牙齿和舌头一起工作，这样工作的结果是获得新的能量。当然，我们也感到，儿童需要对自己的肌肉进行练习，以使它们更加强健。在儿童的心智发展

11

① 帕斯卡（1623—1662），法国数学家、物理学家、哲学家。近代概率论的奠基人。——译者注

上，同样也是如此。儿童们不仅看起来是不疲劳的，而且在心智上是更有
活力的，获得了力量和健康。年幼儿童具有一种适应于接受文化的自然倾
向，但社会在这个敏感期往往忽视他的心智发展，而采用多玩耍和多睡觉
的方法。然而，儿童不会停止他的吸收或停止他的活力，如果那里没有什
么东西可以吸收，那他只能去玩一些玩具。心理学家们说，儿童必须玩游戏，
因为他通过玩游戏使自己得到了完美。但他们也承认，儿童从一个专门的
环境中吸收，构成在过去和未来之间的历史联系。他们得出结论：我们必
须对儿童进行观察，而不要去干扰他们。在儿童通过游戏玩耍和生活来吸
纳现实时，我们不要帮助他，以免他放弃自己的计划。但是，如果一个儿
童仍然去玩一些玩具或用沙建造城堡，那他自己如何能够在这样复杂的世
界中吸收文化呢？所以，在这些心理学家的观念中存在着一个矛盾。这个
矛盾就是：他们说，在儿童的吸收阶段，与他的联系交流是重要的；然而，
儿童又必须继续独自地游戏玩耍，因为这样他可以建构和发展自己的力量。
游戏坑耍被捧为某种神奇之物，严肃和高尚的人们会站在一个儿童面前观
看他用沙建造城堡。但是，合乎逻辑的是，如果在三岁至六岁这一时期，
儿童存在着容易获得文化的自然倾向，那我们就应该对他们提供帮助，使
他们利用周围可以操作的物体，在文化的道路上迈开自己的脚步。当我们
在他的环境中安排了特定的物体，允许他去模仿他周围的人的一些行动，
以及试图完善他在最早阶段所获得的东西时，我们应该帮助他去获得现今
复杂化的文化。这些不仅仅是我们所给予的一些游戏玩耍，也不仅仅是与
洋娃娃、锡制士兵和玩偶固定联系在一起的。儿童喜欢什么东西呢？在提
供蒙台梭利教具时，儿童会兴高采烈地拿起这些教具进行工作，在某种程
度上，这种现象迄今为止被认为是难以想象的。这些儿童渴求知识的心理
已经进入一个环境之中，在这个环境中他们仅仅靠自己是不能理解或把握

知识的，但一旦给他们提供了获得的方式，他们就会像饥饿的狮子一样扑过去，所获得的任何食物都将帮助他们活下来，并使自己去适应至今已发展和进步的文明。

面对这种有关儿童身上的巨大潜力以及它对人类的重要意义的观点，我们必须仔细地观察这种潜力，看看我们可以用什么方法来对它提供帮助。我们不要对儿童的游戏玩耍抱着神秘主义的信念，而必须充分相信儿童自身；我们还必须努力创造一种实践科学，以便利用我们最近通过直觉已经开始认识的儿童身上的那些潜力。

第二章　有吸收力的心理的阶段及性质

13　　"有吸收力的心理"（absorbent mind）这一新观念抓住了生命机能的本质，同时改变了先前所有的儿童教育观念。学校不可能再是一个被隔离的世界，也不可能再通过远离社会交往以使儿童得到精心的保护。因为生命应该得到正确的保护，所以，必须相应地对生命的规律进行研究。心理学家们已开始观察诞生第一年的幼儿，并宣称发现人的建构和成长从这一时期就开始了。从心理学观点来看，人在诞生时完全是一无所有的——零！实际上，因为不仅在心理上而且在生理上，新生儿在诞生时几乎是全身瘫痪的和没有活动能力的，不能做任何事情。过了一段时间，他才能说话和行走，一步一步地克服困难，运用他的全部能量和全部心智，直到他自己成长为人！除了我关注外，儿童的巨大能量最后也吸引了其他科学家的关注，但这些能量在母爱外衣的掩盖下迄今仍然被隐藏着。人们说，在某种意义上，是母亲教会她孩子说话、行走和表达。然而，并不是母亲教会孩子的，而是孩子自己自发地做这些事情的。母亲分娩了新生儿，但这个新生儿创造了人，尽管母亲可能去世或不能给他提供成长发展所需的乳汁。

甚至所谓的儿童的母语，也不仅仅是源于母亲，因为一个诞生在外国的儿童，跟随他父母在当地的环境中正常地获得了说话的能力，尽管他父母从未说过这种语言。所以，儿童的这种能力并不是遗传的，既不是源于父亲，也不是源于母亲，而是源于儿童自己。为了未来，儿童会利用在其周围所发现的全部因素来塑造他自己。

一些现代心理学家对儿童进行了从诞生到大学的跟踪研究，根据他们的观点，在儿童的发展过程中存在着一些不同的有特点的时期，并与身体发育的不同时期相对应。其变化是如此明显，使得某些心理学家在试图把这些变化梳理清楚时有点夸张，因此，他们这样说："成长是诞生的一个延续。"它仿佛是说，在生命的某一时期，一个心理个体终结，而另一个心理个体诞生。在这些时期中，第一个时期是从诞生到六岁，尽管表现出明显的不同，但贯穿整个时期的心理类型是相同的。在这一时期，可以观察到两个阶段：一个是从诞生到三岁的阶段；另一个是从三岁到六岁的阶段。在前一个阶段，表明在儿童心理上是成人难以接近的，他不能对儿童产生任何影响。在后一个阶段，儿童的心理实体开始变得可以接近了，但只能采用一种专门的方式。这一阶段是有特点的，因为儿童个体发生了很大的变化，所以，一般地，在六岁时儿童的心智有了充分的发展，可以被允许进入学校。在更早的时候，他能够被允许进入一所提倡新教育体系的学校。但是，在六岁时，儿童也达到了一个与身体发育相符合的时期，诸如掉乳牙。第二个时期是从六岁到十二岁，它是一个成长的时期，而不是一个变化的时期。通常，它的特征是平静和温顺。第三个时期从十二岁到十八岁，它是再一次在生理和心理两方面变化的时期。在所有国家中，官方教育都无意识地承认这个现实，即儿童在六岁时进入小学，在十二岁时进入中学，到那时一个新的心智时期开始了。在第三个时期，儿童的性格是不稳定的，

14

15

常常不遵守纪律并有一些逆反行为，但普通学校并不关注这些反应，随之而来的就是制定教学大纲和对逆反者进行惩罚。在十八岁可以进入大学时，尽管它的学习更为紧张，但方法基本上是相似的，因为学生仍然必须坐着听讲，以获得一个学位。通常情况证明其有用性是值得怀疑的，虽然他的身体已经成熟，但所有这些年的学习和听课并没有形成他的意志力和判断力。如果还有可能这样做的话，那实际工作和经验就应该去形成人的意志力和判断力。所以，在纽约甚至看到年轻的知识分子在列队游行，他们高举的标语上写着"我们没有工作！我们正在挨饿！"这是对给予他们如此多教育的社会的一种意味深长的控诉。

　　许多思想家考虑到要对新生儿提供帮助，但又困惑于这样的问题：人具有最高智慧的特质，为什么他的幼年期比其他动物幼年期的时间要长得多、麻烦要多得多、遭受的痛苦要多得多？许多人问：在幼年期会发生什么事情呢？可以确定的是一种创造的工作，因为个体似乎是从零开始的。它并不是说，婴儿身上后来得到发展的微弱声音就好像小猫发展它尚未完善的声音，或好像牛犊和小鸟仅仅强化了它的表达方式。只有在人类身上，它不是一个简单的发展问题，而是从一无所有开始的创造。这是儿童迈出的巨大步伐，是成人不能迈出的一个步伐。儿童在心理类型上不同于成人，并具有与成人不同的能量，对实现这种创造来说这种能量是必要的。实际上，儿童的这种创造并不意味着完成！他所创造的不仅是语言，而且是能够使他说话的器官。他创造了所有的身体运动，创造了所有的智力表达方式。

　　所有这一切并不是通过意志的有意识活动，而是通过我们称之为"潜意识心理"的活动来完成的。在所有具有生命的生物中，甚至在一些昆虫中，都可以发现这种类型的智力，它们有时看上去是有理性的。通过这种潜意识心理，通过一种令人惊讶的感觉能力（有点类似于自动详细地记录瞬间印象的照相机的感光片），儿童实现了他自己的神奇的创造工作。在儿童环境中的这些事情似乎激起他的强烈兴趣，并在他的日常生活中表现出极大的热情。这种潜意识能量能够进行辨别。由于新生儿诞生时就有听觉，因此，他听到了人的声音。在围绕着新生儿的成千种声音中，为什么他只选择人的声音来模仿呢？那是因为人的声音在他的潜意识心理中留下了一种特殊的印象，唤起一种强烈的情感和热情，以再现这些声音能够引起看不见的纤维振动，而此时其他的声音不能引起如此有活力的振动。儿童对这种语言的吸收是如此正确，以至于它构成了他的心理个性的一部分，因而被称为"他的母语"，能够清晰地与所有其他语言区别开来。后来，他可以通过艰苦的努力来实现。这就是在儿童心理上所发生的化学反应，引起他自身的一种化学变化。这些印象不仅深入到儿童的心智，而且形成了儿童的心理。儿童正处于实体化（incarnated）之中，那是因为儿童利用他周围环境中的事物而形成了他自己的"心理机体"（mental flesh）。我们把这种类型的心理称为"有吸收力的心理"。对我们来说，儿童身上的巨大能量是难以想象的。只是儿童的巨大能量可以继续得到发展！其花费的代价就是我们为了获得整个人类的意识而付出的代价；但是，它是一种从上帝到成为人的重要的代价！

17

第三章　胚胎学

18　　在寻求进一步探究有吸收力的心理秘密的幼儿时，我们被引导去研究儿童诞生前的生命及起源，从中可以发现所有的生物学研究都趋于一个新的方向。以前，成年动物或植物的标本一直是生物学研究的对象，同样成人也是社会学研究的对象。现在，科学家们似乎采取了相反的方向，在人的生命研究和其他生物的生命研究两方面，都倾向于考察非常年幼的生命和生命的起源。所以，考察的重点是胚胎学，即生殖细胞的生命，其是来自两个成人个体的两个细胞结合的结果。儿童的生命源于成人，开始于成人和终结于成人，但其自身也是起源，这就是生命的道路。

　　大自然对刚刚诞生的幼小生命提供了特别的保护。例如，新生儿是在爱之中诞生的，其本身就源于爱，一旦他诞生就立即被父母的关爱所包围。这是一种自然的爱，不是人为创造的爱或理性强加的爱，比如所有的有识人士试图唤起的兄弟般友爱情感。那是只有在儿童生命上能够发现的爱的

19　类型，它是人类道德的理想，即这种爱能够激起忘我精神以及献身于服务他人。现在，这种精神是父母自然形成的并给予了欢乐，因而并没有感到

是一种牺牲。它就是生命自身！但是，它是一种更高尚的生命类型，比在社会竞争中和"适者生存"（survival of the fittest）中所发现的生命更为高尚。令人十分好奇的是，这两种生命类型也在一些动物中被观察到，在这些动物中间，最凶猛的动物在它们有了家庭和幼崽时似乎也改变了其自然本性。它是一种独特的本性，仿佛它超过了普通的本性，使得一些具有自我保存本性的胆小动物在更大程度上超过我们人类，完全改变了它们的胆小本性，而不顾及它们自己的安危，奋不顾身地保护它们年幼后代的生命。所以，著名的法国生物学家法布尔（Jean H. Fabre）[①]得出结论说：物种的继续生存归因于这种伟大的母性本能（mother-instinct），而不仅仅是大自然使它具有为了生存而斗争的武器。虎崽不是还没有长牙、幼鸟不是还没有长羽毛吗？然而，令人不可思议的是，甚至在具有更低级的生命秩序的动物身上也可以看到其智力的展现，无论在哪里它们都会保护年幼的后代，而不仅仅是为了自我防卫。

上一世纪[②]的科学家们认为，在人的生殖细胞中肯定包含着一个准备形成的小人（男的或女的），这个人以后唯一要做的事情就是成长发展，犹如其他的哺乳动物一样。他们争论这个微小的人究竟是来自精子还是来自卵子。显微镜的发明使得这方面更深入的研究有了可能。人们很不情愿地接受了这个结论：在人的生殖细胞中，并没有什么预先存在的小人。这个生殖细胞自身分裂为两个，再从两个分裂为四个，通过细胞的成倍增长而形成了生命。胚胎学已经证实这个被发现的观点，即只是存在一个预先的建构计划，带着所有理性和智力的符号。正如一个建造房屋的人从预先准

20

---

① 法布尔（1823—1915），法国昆虫学家。主要著作有《昆虫记》（十卷）、《自然科学编年史》等。——译者注

② 指19世纪。——译者注

备的一些砖瓦开始，所以，这个细胞通过分裂而积累了一定数量的新细胞，并用新细胞构建三层胚层，接着就在胚层内部形成器官。这种构建方式是十分奇特的和令人惊讶的。它开始于一个细胞、一个点，围绕这个细胞快速地成倍增长，它变得高度兴奋，但在别处它继续如以前一样。当这种兴奋活动停止时，一个器官被发现已经形成了。这一现象的发现者用这样的方式解释说：这些是敏感点，在它们周围发生了一种构建。这些器官是互相独立发展的，似乎每一个器官的目的仅仅是为了构建自身。在它们的紧张而剧烈的活动中，这些细胞围绕每一个中心而结合起来，满怀我们所说的"它们的理想"，其最终目的是改变自身，变得与其他细胞有区别，并根据它已经形成的器官而采取一种独特的形式。所以，当这些不同的器官独自完善时，一些器官也逐渐使它们自己进入彼此的关系之中；当这种结合使得一个器官不能离开其他器官而存活时，于是这个新生儿诞生了。最初把各种器官结合起来的是循环系统，然后神经系统使这种结合更加完善。构建的计划展现出它基于一个大的兴趣点，从这一兴趣点出发就实现了创造。一旦这些器官的创造完成了，它们注定要加入和结合起来，旨在显示一个独立的生命体。所有高级动物都遵循着这个计划，其实在自然界中只有一个构建计划。

21　　　人的心理似乎是按同样的方式建构的。它也是从一无所有开始的，因为从心理学观点来看，新生儿身上也几乎是没有任何已建构的东西，他的一些器官是围绕一个敏感点而形成的；这里也有物质的积聚，这是通过有吸收力的心理而进行的。在这之后，一些敏感点非常紧张地活动，就成人心理而言那是很难想象的，就如在语言获得中所呈现的那样。从这些敏感点发展的并不是心理本身，而是心理发展将需要的那些器官。在这里，每一个器官也是独自地不断发展的，例如，说话的能力，在一个环境中判断距离或发现方向的能力，用两条腿站立的能力，以及其他的协调能力，等等。每一种能力的发展都围绕着一种兴趣，因而它是敏感的，吸引儿童趋于一种确定的行动。在任何情况下，当器官形成之后，敏感性也就消失了；当所有器官都已准备好的时候，它们就结合起来而形成了心理实体（psychic entity）。

显然，人们若没有关于那些敏感期以及它们的出现顺序的知识，就不能理解儿童心理的形成。有时候，人们讨论到，以前的几代人虽然没有这样的知识，但仍然发展成一些健康和强壮的生命个体。然而，应该记住，我们生活在一个极不自然的文明社会中，在这个社会中自然赋予母亲的那些天赋本能大部分早就受到压制或变得无用。一位简朴地生活的母亲仍然本能地在孩子的敏感期给予帮助，提供他所需要的环境，把他带在自己身边，用她自己的母爱（maternal love）保护他。现在，母亲们大多已失去这种本能，人类已开始趋于衰退，所以，重要的是研究母性本能的阶段，以及研究儿童自然发展的阶段，因为它们注定是互相补充的。母亲必须回到与自然的合作，或者说，科学必须发现一些帮助和保护儿童心理发展的方法，正如他们已经发现帮助和保护儿童生理发展的方法一样。母爱是一种力量，一种自然的力量。其必须受到科学家的关注，所以，从今以后母亲可以有意识地提供帮助，因为她们不会再本能地提供帮助。教育必须给予母亲们这种知识，让她们从孩子诞生起就可以对孩子的心理需要提供一种有意识的保护，而不只是无可非议地把孩子置于卫生学需要的养护之中；虽然孩子得到了受过良好训练的保姆的照顾，但保姆只是敷衍地满足儿童的生理需求。事实上，因为人们所说的"心理饥饿"或"极度厌倦"，所以这样的儿童甚至可能会死去。这种令人惊讶的现象在荷兰的一个城市得到了证实，那里的一个研究机构教贫困父母如何科学和卫生地养育他们的孩子。那些

为了新世界的教育

已失去父母的贫困家庭儿童在科学的保护条件下得到了收养，由受过训练的保姆根据最新的卫生学观念给他们提供很好的饮食和关爱。但在这些儿童中间仍然发生了疾病，其中不少儿童死亡。然而，当贫困家庭儿童被父母送到医务所就医时，并没有发现患有这种疾病，显然比专门按卫生标准养育的儿童要健康得多！所以，医生们认识到，在他们的教育机构中缺少一种富有生命力的东西，因而需要进行一些改变。女护士开始像母亲对待她们自己的孩子一样，把儿童抱在怀里，与儿童一起游戏玩耍。她们像母亲那样去做，尽管母亲并不知道科学的养育方法，但受到天生母爱的引导，能够给予儿童太多的保护而免受社会交往的侵害。从此以后，那里的儿童开始恢复健康，并且面带微笑。

第四章　行为主义

无论是最近的发现，还是根据这些发现而提出的理论，都不能充分阐
释生命及它的发展秘密。但是，它们可以用来呈现和说明一些事实，并使
我们观察到生命是如何发展的。一个已经被证实的事实是：生命建构的计
划是所有类型的动物生命都必须遵循的一个计划。在动物胚胎中，可以从
物质上追溯到这个计划；在儿童心理学中，可以遵循这个计划；在社会中，
也可以确认这个计划。这个事实是具有重要意义的，因为在动物的更早阶段，
动物胚胎全都是一样的，无论是人，还是兔子或蜥蜴。为了实现它们自身，
脊椎动物都需要经过相同的阶段；但是，当胚胎发展完成时，它们的差异
是巨大的。也许可以同样断言，新生儿是一个精神胚胎，因此，所有儿童
在诞生时都是相似的，在胚胎生长和心理实体化阶段，需要受到相同的对
待和接受相同的教育。无论什么类型的人，天才或劳动者，圣徒或罪犯，
都是来自儿童的工作，每一种人都必须经过这些实体化阶段。所以，在生
命的最初几年，教育对所有人是相同的，必须受到自然本身的支配，受到
正在成长的生命的某些需求的激励。确实，在这之后，在个体中出现了区别；

但是，我们既不会引起那些区别，甚至也不能引起那些区别。儿童存在着一种内在的个性、一种自我，它是自发地发展起来的，并不受我们的支配；我们唯一能做的事情就是帮助他去实现自我，移除他在趋于实现的成长道路上的各种障碍。他是一个潜在的天才，或一个潜在的将军，或一个潜在的艺术家。我们已经证实的事实是敏感点（points of sensitivity）的存在，而围绕这些敏感点形成了各个器官，于是出现了两个系统，即循环系统和神经系统，它们联系并结合在一起。但是，科学并不能进一步说明这个事实，即一个自由和独立的生命体来到世上的事实，其具有他自己的特质，而不同于其他的所有生命体。

1930年，费城的一个生物学发现完全改变了现在流行的一些理论。人们发现，人脑中的视觉神经中枢比视觉神经形成早，比眼睛形成更早。其结论是：在动物中，心理的形成早于生理的形成；进而发现，每一种动物的本能，每一种动物的自然习性，都是在它们的器官形成之前就定形了。如果这个心理部分预先存在的话，那就意味着心理部分完成了它自己的建构，但它自己是根据心理和本能的要求而成形的。因此，无论动物的物种如何，它们的器官和肢体是最适宜于表现这些本能的。这种新的理论以"行为主义"（Behaviourism）[①]著称，而不同于旧的理论。旧的理论认为，动物被假设具有一些习性，以使它们自己去适应环境；旧的理论还认为，成人的意志在为了生存的斗争中引起了身体结构的必需变化，并通过一代一代人的延续，渐渐地实现了对环境的完全适应。新的理论虽然没有完全否定

---

① 行为主义，现代西方研究有机体行为的一个心理学流派。由美国心理学家华生（John B. Watson）于1913年始创立，主张以行为为心理学的研究 对象。行为主义的形成和发展可分为两个时期：（1）早期行为主义或古典行为主义时期（1913—1930）；（2）新行为主义时期（1930—1960）。——译者注

这种观念，但更强调动物的本能习性或行为。动物为了适应环境而作的努力，只有在它自己的行为限度之内进行才能成功。在有关牛的情况中，人们也许可以找到一个例子。牛是一种有力量的动物，既强壮又结构完美。在世界的地质史中，可以追溯牛的进化。当地球已能很好地提供植物时，牛出现了。人们会问：为什么牛这种动物只选择把青草作为自己的食物呢？因为牛能够找到青草这种最不容易消化的食物，所以要求牛进化出四个胃。如果这仅仅是一个维持生存的问题，那牛就可能会吃一些大量存在的、更容易消化的东西。从那时到现在，已经过去了几千年，但我们看到在自然状态下牛仍然只吃草。如果更加近距离地进行观察，那人们会发现，牛不吃靠近草根的草，也从不把草连根拔出，牛仿佛知道应该把草与草根切断，以便能够让地下根茎生长，否则草很快就会枯死而使它自己无法享用。此外，人们还发现，草对于其他植物的生态是至关重要的，因为草能够把沙和土紧紧地聚合在一起，否则刮起的风就会把沙和土带走。草不仅固化了土壤，而且也使土壤肥沃，为其他植物的生长做了准备，这就是草在自然经济中的重要性。除了把草与草根切断外，还有两件事情对草的保养是必需的，一是提供肥料，二是巨大的体重下的滚压或压力，会有利于草的生长。有哪一种农业机械完成这三项任务能够比牛完成得更好呢？而且，这种神奇的机械除了有助于草的生长和整个地球的保养外，还能提供牛奶。所以，牛的行为特性看起来正是为实现大自然的目的而设计的，恰恰如同乌鸦和兀鹫被设计为在另一个领域（即清除腐物的领域）提供有效的服务。 26

　　这些例子涉及动物对食物的选择，成千上万的相同例子证明了这样的结论：动物不仅吃满足它们自己需要的食物，而且通过它们自己的行为实现预设的使命，有益于生物的和谐是通过所有生物和非生物的合作而实现的。也有其他的生物会无节制地进食，但这并不仅仅是为了生命的维持。

它们进食不是为了活着，而活着是为了进食！蚯蚓就是一个例子，它每天吃的地球土壤是自己身体的200倍。达尔文（Charles R. Darwin）[1]最先说：如果没有蚯蚓，那地球就会失去肥力。

蜜蜂给花朵授粉的工作，就是另一个相似的例子。基于行为主义的视角，我们开始观察到，动物牺牲它们自己是为了另一种生命形态，而进食不仅仅是为了自己生命的维持。相似的是，在海洋中可以发现一些单细胞组成的机体像过滤器一样行动，能够去掉海水中一定的有毒盐，在实施这种机能中它们喝下了数量如此巨大的海水，与它们的体积相比，相当于人的一生中每秒钟喝水一加仑[2]！动物从未意识到把它们自己置于与地球的关系中的目的，然而，更高级的生命形态、地球的表面以及空气和海水的净化依赖于它们的工作。

所有这一切都清晰地表明，为了实现器官的形成，存在着一个预设的计划。生命的目的就是服从那个神秘的命令，即让所有一切和谐和创造一个更美好的世界。世界并不是为了使我们欢乐而创造的，但我们被创造是为了宇宙的演进。

对人类的研究以及把人类与其他类型动物形态进行比较，我们发现了它们之间的一些区别。其主要的一个区别是：人类并没有被固定在一种专门种类的运动，或一种专门种类的居住方式。在所有动物中，人最有能力使自己去适应任何地区。无论是热带或寒带地区还是沙漠或丛林地区，能够自由地去自己喜欢去的任何地方的唯有人。人也最有能力进行最多样的运动，用自己的双手去做各种事情，其他动物根本不能这样去做。人在行

①　达尔文（1809—1882），英国博物学家。进化论的奠基人。主要著作有《物种起源》等。——译者注

②　一加仑，相当于4.546升。——译者注

为上似乎是没有限制的，是自由的。人类具有最多样的语言，在运动方面他能够行走、跑步、跳跃和爬行，在舞蹈方面能够表演优美的动作，他还能够像鱼一样在江河中遨游。然而，儿童在诞生时并没有表现出这些能力，在最早的童年时期，每一个儿童都会获得人类的能力。在诞生时，儿童没有运动的力量，几乎是没有活动能力的。像其他动物一样，他通过练习的方法能够学会行走、跑步和攀爬，但他必须通过自己的努力。儿童不仅能够获得人类的所有能力，这些能力远比其他动物的能力多样，而且能够使自己适应未来生活之地的气候及其他条件，适应正在发展的甚至更为复杂的文明环境中的那些需要。如果人就像动物那样固定他们的行为，那他们将不能使自己适应每一代人面临的变化的新的环境条件。适应新的环境条件的任务，似乎仅仅是由自然为童年时期的完成所设定的，而成人是不适应的。成人看护着自己的领地，把它作为地球上最美好的地方，而不管其不利的环境条件。成人从未能完美地掌握外国语的发音，尽管外国语的发音可能比他自己的语言简单很多，但他在幼儿期就容易地获得了母语。成人能够欣赏并记住一个环境，但儿童能够潜意识地从这个环境中进行吸收，并构成自己心理的一部分。因此，儿童把自己所看到的和所听到的事情实体化，比如语言，以开始真正的变化。这种记忆被心理学家们称为"记忆基质"（Mneme），其任务是为个体建构一种行为，不仅适合于它的时间和地点，而且在心理上适合于它的社会。成人发现他们自己带有一些情感和偏见，尤其是具有宗教性质的情感和偏见，但他们的理性也许拒绝承认这一点；然而，他们从未完全摆脱这些情感和偏见，因为这些情感和偏见就是他们自身的一部分，确实如俗话所说的，"已融入他们的血液之中"。

　　进而可以说，如果我们希望改变一个国家的风俗习惯，或者如果我们

28

为了新世界的教育

希望更强有力地增强一个民族的特性，那我们必须对儿童施加影响，因为在这个方面所做的事情对成人的影响是非常小的。要改变一代人或一个民族，要产生趋于好的或趋于坏的影响，要再次唤醒宗教或发展文化，我们就必须关注无所不能的儿童。

第五章　教育始于诞生时

新生儿离他自己的充分发展还相距很远，甚至在身体上也是发育不完
善的。他们的脚注定要在地球上行走，也许会走遍整个世界，然而，他们
还没有骨骼和软骨，他们的头颅还没有发育好，容纳在其内的大脑也不能
得到很好的保护，只有一些骨头得到了发展。更重要的仍然是，新生儿的
神经系统还没有发育完善，因而缺少中枢神经系统的指挥以及各种器官之
间的联合，所以他还不能运动；然而，其他动物的幼崽已拥有运动的力量，
几乎在出生后就能行走。事实上，儿童必须被认为是具有生命的胚胎，在
诞生前和诞生后都得到了发展。这个生命被一个伟大的事件，即"诞生冒
险"（the adventure of birth）所打断，通过诞生他进入了一个新的环境。其
本身的变化是非常大的，就像一个人从地球来到月球一样。但这还不是全部，
为了迈出伟大的一步，儿童必须做出一种极大的心理努力。当一个儿童诞
生时，人们通常只是关心母亲及她的困难，但是，儿童需要经历一次更大
的考验，尤其是人们认为他还很不完善，尽管他已具有了心理生命。他还
没有心理能力，因为他首先要创造这种能力，所以，这种心理胚胎甚至在

身体上也是不完善的，必须创造它自己的能力。

这个生命机体诞生时是软弱无力的、不能运动的，但肯定具有一种引导他趋于运动的本能。其他动物身上的那些本能在它们出生时似乎已显现出来，它们不久就进入了与其环境的联系之中。然而，人必须通过心理胚胎来形成那些本能，同时构建相应的运动能力。当这一切发生时，胚胎的生理部分正在完成它的发展，神经系统正在形成，头颅也已骨化。

破壳而出的小鸡只是等待着母鸡给它们示范如何啄食，它们立刻就会像其他鸡一样开始活动。这是它们现在的行为，也是与它们的前辈世世代代一样的行为，而且可以预料它们将一直会表现出这样的行为。但是，在一个正在进化的社会中，人必须首先发展他自己的心理，而且这种发展必须同环境和变化的条件相一致。自然在预设使新生儿身体保持无活力的同时，骨骼和神经系统这两方面都给予了心智发展的优先权。如果心理生命在环境中实体化，那么心智首先必须观察和研究环境，实际上就是必须从环境中获得大量的印象，恰恰如同生理胚胎从积聚的细胞开始，然后开始用这些细胞形成它的各种独特器官。

所以，在生命的第一个时期，把来自环境的印象固定下来并储存起来，因而它是人的最活跃的心理活动时期，它是从环境中吸收一切的活动。在人的生命的第二年，这个心理机体接近于完善，运动开始变得确定起来了。以前，人们认为，幼儿没有心理生活；然而现在，我们认识到，儿童在第一年里唯一有活力的部分就是大脑！人类婴儿的主要特点是心智，并不像其他动物只是需要唤起表现它们行为的本能。人类儿童的心智应该参与并理解正在发展的现实生活，从中既可以回溯数千年的文明，又可以延伸到遥远的未来。这个现实生活是没有限度的，既不在于过去，也不在于将来，从来就不是相同的，而是每时每刻都在变化的。人类的神态是无限的，而其他动物无论在哪里都是一种神态，总是固定不变的。确实，人的心理肯定是以某种神秘的方式开始的，现已证明在诞生之前就开始了，因为我们发现在新生儿的心理中有些能量是如此的强大，使他不仅具有创造任何能力的可能性，而且具有适应任何环境条件的可能性。

现今，心理学家们对他们称为的"诞生的艰难"（the difficult of birth）很感兴趣。他们得出结论：儿童肯定经历了因诞生而带来的一次大的惊吓。在心理学中所使用的一个科学术语就是"诞生恐怖"（birth terror）。它并不是一种有意识的惊吓，而是新生儿潜意识地感受到惊吓，因为他被快速地放入一个浴盆里，或被置于强烈的光线和异常的触摸之下。自然使一位纯洁的母亲本能地让新生儿紧紧地倚靠着自己的身体，由于她并没有太多的力量，因此，为了她自己的利益而保持安静，并给予新生儿必需的安静，用她自己的体温去温暖他，保护他免受过多的强烈刺激。猫妈妈把刚出生的小猫藏在一些黑暗角落里，小心谨慎地保护它们免受外来的触摸；但是，人类的母亲大都失去了她们自己的天赋本能，在新生儿诞生后不久，一些人就来给他洗澡和穿衣，把他抱到灯光下观看他眼睛的颜色，由于无知而使他处于更多的侵扰和惊吓之中。今天，在儿童后来的发展中所出现的性格缺陷，这种"诞生恐怖"的后果已经被证实。一种心理畸变产生了，正是这种心理畸变使得儿童不正常了，而走上一条错误的道路。所造成的性格缺陷可以用"心理压抑"（psychic regression）这样的词来概括，这些儿童的特点是回避生活，似乎他们的生命仍然依附于诞生前就存在的一些东西，对世界感到厌恶和拒绝。新生儿睡觉的时间过长被认为是正常的，但当他出现心理压抑时，其睡觉的时间过长就可能被认为是不正常的。另一个迹象是儿童睡觉醒来就哭闹以及晚上睡觉反复做噩梦的习惯；此外，儿童过分依附于一些人（一般是母亲），因为他仿佛害怕一个人的孤独。这样的儿

32

童是属于容易哭闹的类型，他具有懒惰、消沉和胆怯的倾向，总是要求一些人去帮助他。显然，在为了生活的斗争中，这样的一些生命个体总是比其他人差。他们的命运中将没有欢乐、勇敢和精神的幸福。这就是对潜意识心理的可怕回应。我们忘记了自己的有意识记忆，但那些印象仍然深深地铭刻在记忆基质上，作为个体的性格特征。在这里，隐藏着一种对人类的巨大危险。儿童得不到合适的关爱，就会通过形成一种无活力的个体而报复社会，成为文明进步的一个障碍。

与这些心理压抑的儿童形成对照的是，正常儿童表现出强烈地趋于独立的自主倾向。通过获得更大的独立性，克服前进道路上的每一个障碍，他就得到了发展。提供这种冲动的生命力被称为"策动力"（Horme），类似于成人的意志力，尽管后者对个人来说是更微小和更有限的。与此同时，策动力一般是属于生命的，它是一种为了进化而工作的神圣力量。在正常发展的儿童中，表现出热情、幸福和"生活的欢乐"。在诞生时，他就从一种禁锢（即母亲的身体）中解放出来，实现了独立，不受母亲生理功能的制约，因此，他具有了面对环境和征服环境的动力，但环境对他来说肯定是有吸引力的。他所感受到的东西也许可以称之为对环境的爱。最先开始起作用的器官是那些感觉器官，正常儿童可以通过感觉器官来感受一切，即使他还不能辨别不同的声音和不同的物体，他首先接受世界，然后再分析世界。

在六个月时，儿童自己已显现出一些必然会发生的现象，那是正常生长发展的明显迹象。一些生理变化出现了，胃开始分泌出消化所需要的胃酸，并长出了第一颗牙齿。对于趋于独立来说，这是十分重要的一步。大约在这个时候，儿童也开始牙牙学语，这是在那座语言大厦上所铺的第一块基石，它将发展成为一门语言。不久，他就能够自我表达，而不依靠其他人对他需求的猜测，这确实是为了他自己的独立而获得的一种伟大成就。在他获得这种成就后的一些时候，即一岁时，儿童开始行走，因此，这使他自己从另一种禁锢中解放出来。通过这些连续不断的行走步伐，人变得自由了，但此时它还不是意志问题。独立是大自然馈赠的一个礼物，引导人走向自由。

行走的获得是非常重要和非常复杂的，但在生命的第一年就实现了，并与语言和方向感的获得结合在一起。低级动物在出生后不久就行走了，但人的形成是一种更高尚的事情，因而就需要更多的时间。用两条腿站立和行走的力量，取决于脑的一部分（即小脑）的发展。小脑在儿童六个月时开始了非常迅速的发育，直至十四个月或十五个月，仍然在继续迅速地发育。确切地说，随着小脑的发育，儿童在六个月时会坐，在九个月时开始爬行，在十二个月和十三个月之间会站立和行走，到十五个月时会平稳地行走。在行走的获得中，第二个因素是某些脊柱神经的发育完成，小脑的指令正是通过这些脊柱神经到达肌肉的。此外，第三个因素是脚和颅骨的骨骼结构发育完成，在儿童跌倒时可以保护其脑部免除损伤。

在自然规定的时间之前，任何教育都不能教会儿童行走，这是自然本身的命令，必须服从。进而，试图让已经开始行走和奔跑的儿童站着不动，那是无用的，因为自然命令任何已发育的器官必须得到使用。所以，在语言出现后不久，儿童就开始牙牙学语，要使他停止说话是一件最困难的事情。如果儿童不能说话和行走的话，那就会阻碍他的成长发展，因此，他必须自由地发挥自己的功能，使自己独立地活动。心理学家们认为，通过从环境中获得经验的行为在每一个个体中都得到了证实，所以，教育的第一个任务就是提供一个环境，并在这个环境中允许儿童和帮助儿童发展自然赋予他的那些功能。这不是一个仅仅让儿童高兴的问题，而是一个与自然命令合作的问题。

35　　对儿童的观察表明，儿童通常具有独立行动的渴望，想自己拿取东西，想自己穿衣服和脱衣服，以及想自己进食，这并不是因为成人提示他去尝试做这些事情。相反，儿童的内在欲望是如此强烈，我们的努力往往是试图去制止他；但是，当我们这样做的时候，我们并不是反对儿童的意志，而是在与自然进行抗争。接着，儿童将显现出通过自己的经验来发展其心智倾向，因而开始寻找事物的原因。这并不是理论，而是通过观察而揭示和证实的清晰的自然事实。我们说，社会必须给予儿童充分的自由，必须保证他的独立，但不要把这种自由和独立的理想与成人在使用这些词时的模糊观念相混淆。事实上，大多数人对自由意味着什么的看法是非常狭隘的。自然给予生命就是给予自由和独立，同时给予根据时间及特殊需求而决定的规律。自然使自由成为一条生命规律——或选择自由，或选择死亡。现在，大自然帮助我们去阐释我们的社会生活，那就是通过对给我们显示真实情况的儿童的观察。独立不是一种固定不变的表现，而是一种连续不断的征服。通过不知疲倦的工作，儿童不仅获得了自由，而且增强了力量和完善了自我。在给予儿童自由和独立时，我们就解放了一个受到内在能量驱动而去活动的工作者，他不活动就不能生活，因为活动是一切生物存在的形式。生命就是活动，只有通过活动才能探索和实现生命的完善。通过过去几代人的经验给予我们一些渴望达到的社会目的，显示出一种依靠他人为我们劳动而使我们自己的劳动时间更少的观念，这是一个回避生活的心理畸变儿童的自然特征。

36　　教育的一个特殊问题就是如何帮助这些心理畸变儿童，如何治疗阻碍或偏离正常发展的心理畸变。因为这样的儿童不热爱环境，对克服抑制他自己发展的障碍感到非常困难，因此，首先需要的是减少那些障碍，其次是使环境具有吸引力。于是,必须使儿童有欢乐的活动,做一些有趣的事情,进而引导他尝试其他一些活动。渐渐地,儿童可以摆脱懒惰的欲望,而对激发工作欲望的一些事情感兴趣,引导他们从呆滞趋于活跃,从惊吓状态(其本身常常表现出在任何地方都是非常强烈地依附于他人)趋于自由的生活和欢乐的收获。

现在,有关人的生命最早两年教育的某些原则可能已被阐明。新生儿在诞生后应该尽可能立即与母亲在一起,环境不应当出现一些使他不适应的障碍。这样的一些障碍改变了不同于新生儿在诞生前已习惯的温度,光线太亮,声音也太响,因为他来自一个非常安静和完全黑暗的地方。我们必须仔细小心地怀抱和移动新生儿,不要突然把他放入一个浴盆里,也不要迅速和鲁莽地给他穿衣服。在某种意义上,任何人怀抱新生儿时都是鲁莽的,因为新生儿无论在心理上还是在身体上都是如此明显的娇弱。最好是不给新生儿穿衣服,而宁可使他在一个足够温暖和没有气流的房间里,放在一个柔软的垫子上,以使他仍然处于一个与诞生前相似的姿态。现今,人们注意到的一个倾向是,给予新生儿如同对待严重受伤的人一样的关爱和照料,只是更加细心和更加完备。除了卫生护理和保护外,母亲和新生儿应该被视为同一个身体的两个器官,在生命上仍然是通过动物磁性联系起来。她们需要一段时间的独处,并在每一个方面都进行非常精心的照料。亲戚和朋友们不要亲吻和抚摸新生儿,保姆也不要把他从母亲身边抱走。

一旦第一个阶段过去了,儿童自己就容易适应他已进入的世界,并开始走上独立的道路。他的第一个收获是使用感觉器官,即一种纯粹的心理活动,因为他的身体还是无活力的。儿童的眼睛是非常敏捷的,他不仅通过眼睛去接受印象,而且像一个活跃的研究者一样去探索印象,他不像低级动物在它们的观察中是有限的,对它们有吸引力的东西只是受到它们行

37

为的指导。儿童是没有限制的，他从整个环境中接受印象，并在他自己的心理中吸纳印象。他需要世界——他周围的一切——去形成他对世界的适应能力。一个错误的做法是：把儿童禁闭在一间育儿室里，与一位陪伴他的保姆在一起，就像一个监狱；尽可能多地使他睡觉，就像一个病人一样。保姆并不对他说很多话，因为她牢记少说话是符合卫生的，那如何能够使儿童学习语言呢？此外，保姆处于一个与儿童环境不同的社会环境中，所以，儿童不能从保姆那里吸收他需要的语言。在高度发展的文明国家中，富裕家庭儿童在这一方面是最受折磨的，他们很少见到母亲或母亲的朋友们，而被交给一些有能力却没有热情的保姆，在带篷的手推童车中受到保护，以避开阳光和寒冷，因此，除了保姆的脸之外，他们的眼睛不能感受任何更有趣的东西。他们变得感觉漠然和迟钝，或变得通过哭闹和发脾气来反抗，因为他们在心理上因饥饿而受到了伤害，至少在心理上是营养不够的。

38　那些能够与他的母亲一起外出的儿童是更为幸福的，她们在街上和市场里、在电车和公共汽车里倾听和观看着，怀着极大的兴趣积累印象，确信自己一直受到他的自然保护者的关爱。

第六章 语言的奥秘

一种语言是在同一人群中所约定的表达方式，仅仅能够被这个人群的39成员所理解，他们都同意用特定的语音来表达特定的观念。其他人群用其他的语音来表达相同的观念和相同的事情，所以，语言变成了一群人和另一群人分离的一堵墙，但同时又使同一人群的成员联合统一起来。语言是发展共同思维的工具，因为人的思维越来越复杂，所以语言也变得越来越复杂。被用来组成词语的语音并不多，但它们可以用许多方式结合起来而组成词语，这些词语可以用许多方式组成一个句子来表达一个思想。没有什么东西比真理具有更多的神秘，为了获得任何的成就，人必须联合起来并达成一致。就这种一致而言，他们必须使用语言这种最抽象的东西，它是一种高级智力。

一些古代语言形式变得如此复杂和严格，但它们已死亡了，只是它们的一些衍生语言还在普遍使用。我们今天会发现，要获得古典拉丁语的全部知识是困难的，但罗马帝国的奴隶却必须说拉丁语，在田野上劳动的农民也同样要说拉丁语，尽管没有人教过他们拉丁语。三岁儿童也肯定会发40

现，说话和理解是容易的。这个奥秘今天引起了学者和心理学家们的极大兴趣，他们仔细考察儿童语言的发展，强调儿童语言的发展不是教的！语言作为一种自发的创造自然而然地出现了，其发展在很大程度上是遵循一些确定的规律，并在确定的时期达到了确定的高度，而且这对所有儿童来说都是真实的，无论他们种族的语言是简单的还是复杂的。对所有儿童来说，都存在着一个时期，那时他们只说音节；然后是另一个时期，他们说的词多于一个音节；最后，他们似乎掌握了全部语法、文法、句法和词法，以及性、数、格、式和时态。生活在一个文明环境中的儿童学会了正确使用语言，与此同时，生活在贫穷非洲的儿童也学会了一些词语。组成词语的语音是通过使用某些身体运动机制而学会的，例如，舌头、喉咙、鼻子以及一些面部肌肉。这个身体运动机制的结构被发现是完善的，其仅仅是为了说母语；至于说到外国语，成人甚至也不能听懂其所有的语音，更不要说完美地发音了。只有三岁以下的儿童能够建构语言机制，也能够说任何一种语言，只要他是诞生在自己生活的环境之中。他在潜意识心理的黑暗中就开始了自己的工作，在那里他发展和巩固了自身。成人的观察很难发现在儿童头脑深处所发生的变化，但可以对一些外部表现进行观察并加以控制。对整个人类来说，这些表现是意义重大的、清晰的和共同的。因此，可以得出的一个结论是，任何语言的语音在人生的不同阶段可以保持其纯洁性；另一个结论是，可以通过儿童的越是简单越是容易的潜意识心理来理解复杂性。没有儿童会因为学说话而变得疲倦，他的说话机制保证了语言的完整性，在很大程度上就像照相机胶片的机制，给十个人或更多人照相就像给一个人照相那样容易。胶片在一瞬间摄下影像，但为一个人画肖像却要花费更多的时间和努力，为十个人画肖像就要画十次。

　　一个更有趣的相似事情是，摄影的胶片是在暗室里冲洗和放大的，只有在胶片定影后才可以拿到光线下展现，那时它已经不能改变了。所以，儿童身上的语言机制也是这样的：它从潜意识心理的黑暗中开始，在那里发展和巩固，然后它才能被公开观察到。

在儿童诞生后，人们对他进行了不断的观察，每天还进行细心的记录，所确定的那些事实就如里程碑一样。儿童内心的一种神秘发展是意义非常重大的；但与此同时，相关的外部迹象却是非常少的，因此，在内心活动和外在表现之间正显现出很大的不相称。人们发现，进步并不是有规律地清晰地遵循发展顺序的，而是采取突然的方式，所以，在音节的获得和词语的获得之间的几个月里，似乎没有任何进步。在获得一些词语后，儿童仿佛再一次长时间停滞不前，但在其内心生活中仍然有着持续的重要进步。当这种进步突然显现时，心理学家们把它称为"爆发现象"（explosive phenomenon）。在生命的同一个时期，每一个儿童都突然显现了词语的爆发，而且所有发音都是完美的。儿童在三个月内流畅地使用了习惯用语并具有了舌音风格，所有这一切在他诞生第二年年底就发生了。对任何种族的正常儿童来说，在两岁之后，这些现象继续发生，掌握复杂的句子、动词的语式和时态以及困难的符号关系的使用都同样以爆发的方式依次出现。只有到那时，由潜意识进行准备的这种宝藏移交给了意识，儿童充分地运用他的新的能量，连续不断地和滔滔不绝地说话。

42

两岁半似乎是智力的分界线，此时人已形成了。在这之后，儿童的发展不再采取爆发的方式。如果儿童生活在一个文明环境中，他就扩大和丰富自己的词汇量；即使生活在一个不太有利的环境中，他也能够扩大自己的词汇量。在比利时，科学的观察者注意到这个事实：儿童在两岁半时只认识二百个词，但到五岁时他就认识和使用了一千个词——所有的词都不是教师教的。在儿童自己学习所有这一切之后，他进入了小学，教师开始教他字母表。

进而,需要考察的是有关语言机制的事实。在大脑皮质中,有两个中枢:一个是听觉中枢,用于倾听的;另一个是运动中枢,用于说话的。倾听或接收声音的中枢是与心理的神秘部分有关的,在这一部分中语言是潜意识发展的,并与耳朵联系起来。在儿童诞生前,这个听觉器官就已发育完全。它是一种具有64根弦的竖琴,外表以贝壳的形式按照长度排列以节约空间。并不是宇宙中的所有声音都能够被耳朵接收,因为尽管这种竖琴只有64根弦,但它能演奏很复杂的音乐,通过它能够传输一种带着所有声调和重音的细微变化的语言。令人不可思议的事情是,根据心理学家的观点,听觉是发展最慢的感觉,虽然儿童周围会发出各种噪声,但并没有引起他们的任何反应。之所以发生这种情况,是因为大脑的那些中枢是为语言而设计的,整个机制只是对口语才产生反应,所以,在适当的时候将形成运动机制,对它接收的同样声音再产生反应。如果那些中枢没有产生这种专门的分隔,那它们就可以自由地接收任何声音。在农场里诞生的儿童对农场生活中那些占支配地位的声音留下了印象,他会模仿牛、羊、猪和鸡的叫声;而诞生在铁路附近的儿童会模仿火车的汽笛声和喷气声。那是因为大自然专门为人类语言的建构准备了这些中枢,所以人能够说话。这里也有被证实的狼孩例子,因为这种或那种原因,人类的幼儿被抛弃在森林里,但他们通过一些令人惊讶的方式而存活了下来。尽管在这些儿童周围有各种动物和鸟类的声音,但他们仍然完全不会说话;他们并没有听到人类的说话,因为只有人类的说话才能激活他们的说话机制。人类是通过这种力量来辨别声音的,不拥有语言,但拥有创造语言的机制。在大脑的那些神秘区域存在着一个神,一个正在沉睡的自我,他似乎是被人类的音乐声(一种神圣的召唤)而唤醒的,使一些肌肉纤维处于振动之中。每一个人都热爱音乐,

43

产生自己的音乐和自己的语言，并用身体的运动对自己的音乐和语言做出反应。这种音乐本身依附于话语，但话语并没有任何含义，直到人类一致同意赋予其特定的含义。

　　在四个月时，有些人甚至认为更早一点，儿童发现他周围深深地打动他的这种神秘美妙的音乐竟然源于人的嘴，嘴唇的运动奏出了这种音乐。 44 可以观察到，一个婴儿多么专注地看着说话者的嘴唇运动。意识早已介入了这种工作，尽管运动是无意识地准备的。现在产生了有意识的兴趣，引起并促进一系列积极而活跃的探寻。因此，在两个月的密切观察之后，新生儿发出了他自己的声音，突然能够说"Ba-ba-ba"或"Ma-ma-ma"这样一些清晰的音节。到满十个月时，他发现说话并不仅仅是尽可能去正确模仿的音乐，而是对他所说的话语的意义。所以，到第一年结束时，有两件事情发生了：一是他在无意识底层理解了说话；二是他在意识高层创造了语言。尽管他只是牙牙学语，而且是重复所听到的一些声音及它们的组合。于是，他开始说最初的一些有意义的话，仍然是牙牙学语，但已有了有意识的含义。此时，在儿童的意识和语言机制之间产生了一个巨大的冲突，它是儿童的心智已拥有许多观念的一个时期，这时他知道人们能够理解他，只要他掌握语言来表达这些观念。这是人生第一次遇到挫折的事情，驱使他自己进入潜意识中的"学校"，激励他去学习。正是意识的刺激促使他迅速习得语言，儿童的内在教师驱使他去面对正在相互交谈（并不是与他交谈）的成人。这种刺激迫使儿童以正确的方式去掌握语言，尽管大部分成人并不理解他的真正需求，在与他交谈时只是说"孩子话"（baby language），而没有给他提供任何帮助。我们必须认识到，儿童是懂得不少的，我们可以按语法规范与他进行交谈，并帮助他分析句子。一岁或两岁儿童会有一些事情要说，他感到那是一些非常必要的事情，但他不能找到自己

45 想要使用的话语，所以，他变得焦虑不安，甚至发怒，人们把所有这一切归因于"原罪"（original sin）。贫困家庭儿童为了独立而工作，他们是如此的被人们误解！如果缺少正确的方式，那对他来说发脾气就是唯一可以采用的表达方式。

大约在一岁半时，儿童已经理解了这个事实，即每一个物体都有一个名称，所以，在他已学会的那些词语中，他现在能够选出名词，尤其是那些具体名词。这对他来说是重要的，因为他现在能够索要自己想要的东西，他在一个整句中强调一个词语，所以，母亲或教师应该学会带着更多的同情心去理解他们，给一个烦恼的心灵带来平静。举一个例子来说明。一个西班牙儿童被他母亲带去郊游的时候，正是炎热的夏天，他母亲把自己的外衣脱下，并搭放在自己的手臂上。这个儿童马上就开始焦虑不安起来，此时没有人理解他所说的"To palda"，于是他开始猛烈地叫喊起来。在我的建议下，他母亲穿上了外衣，这个儿童立即就平静下来，并高兴地笑了起来。那句意义含糊的话是西班牙语"Palto"，即"外衣"（overcoat）的缩写，以及西班牙语"Espalda"，即"背"（shoulders）的缩写。所以，实际上，这个儿童的秩序感被外衣搭放在他母亲手臂上的错误位置破坏了。他完全不能容忍这样的无序状态。

另一个例子所说明的是一个一岁半男孩在整个一次对话中能够理解多少。四五个成人在讨论一个童话故事的价值，他们在结束讨论时谈到"故事最后愉快地结束"。但是，这个男孩并不同意这个结论，他开始大声叫喊

46 "Lola，Lola！"人们想，大概这个男孩想要找他的保姆，正在叫他保姆的名字，但他并不需要什么帮助，只是越来越悲伤，甚至有点愤怒，直到最后他抓起那本童话故事书并指着书的后封面上的一幅画，画着一个儿童正在哭泣。如果一个儿童在哭泣，那怎么能够说"故事最后愉快地结束"呢？原来"Lola"

这个词是男孩试图说西班牙文"llora"（哭泣），这时人们才清楚这个男孩听懂了成人的整个对话。

焦虑不安构成儿童生活的一个组成部分，这在很大程度上归因于成人的不理解。事实上，儿童试图去发现表达方式的内在资源，但只有克服了巨大的困难（环境和儿童自己的缺陷这两方面的困难）才能这样做。有些儿童比其他儿童更有力量，有些儿童拥有一个更适宜的环境，这些儿童能够直接走向独立，即没有精神抑制的危险，这就是儿童正常发展的道路。同样，语言的习得是一种更大的独立，其结果是自由的表达，但同时会有精神抑制的危险。这时，一些障碍的影响将永久地保持，因为所有的印象是永久地铭记在心里的。成人常常因为表达困难而感到痛苦，表现为说话时缺少勇气，吞吞吐吐，结结巴巴。这些精神抑制的发生源于儿童的敏感性，正如他对自己要去表达的东西表现出敏感，但同样对自己遇到的过于强大的障碍表现出敏感，而且这种对障碍的敏感性将作为一种缺陷而终生相伴。任何的暴力形式，无论言语的还是行为的，都会对儿童造成不可弥补的伤害。另一种偏离的敏感性归因于一些成人的看似平静但有影响的作用，他们抑制儿童的外在表现。母亲可以允许所谓受过良好训练的保姆照看自己的孩子，但尤其应该提防保姆的这种偏向，诸如说"不要做这件事情""不许做那件事情"。保姆对儿童抑制的结果是，在一些贵族人士中说话口吃的现象47非常普遍，他们并不缺少表达的勇气，但他们却因为在说话时吞吞吐吐或结结巴巴而感到痛苦。

在成人中所发现的许多毫无意义的害怕和神经质的习性，现在可以追溯到对儿童敏感性的一些暴力行为。所以，对于人类来说，重要的是应该对儿童生命中的这一时期进行周密的研究。教师应该走在这条发现的道路上，努力探索儿童的心理，就如心理学家探索成人的潜意识一样。对于儿童及他的语言来说，需要一位解释者。在这一方面，我自己的经验是：儿童渴望跟随他们的解释者，认识到他们可以从解释者那里得到帮助。这样的渴望完全不同于儿童从溺爱和爱抚他们的人那里所获得的偶然影响。对于儿童来说，解释者是他的一种伟大的希望，正在为他打开已被关闭的通往世界的大门。这样的解释者进入了与儿童最亲密的和更有影响的关系之中，因为他给予儿童的是帮助，而不仅仅是安慰。

第七章 运动及其在教育中的作用

运动是神经系统的结果和目的。没有运动，就不可能有个体的存在。　48
神经系统与大脑、感觉、神经和肌肉一起，使人处于与世界的关系之中。
它们与身体的其他组织器官不同，后者只是为生理的个体服务的，因而被
称为"植物性生命的器官"（organs of the vegetative life）。植物性系统帮助
人得到身体上的净化和健康，但是，神经系统有一种更高的目的，即比相
似的心智纯净和发展更高的目的。动物的行为并不仅仅是在于运动的优美
和优雅，而是有一种更高的目的，即有助于自然界的普遍经济。所以，人
也有一个目的，它并不比动物的目的更纯洁和更精致，就是利用他自己的
精神财富和崇高艺术为他人服务。人的能力必须得到表现，以完成关系的
循环。不仅在生活实际中，而且在教育中，都必须考虑这个观点。如果我
们有大脑、感觉器官和运动器官的话，那么这些部分必须起作用；如果每
个部分都不起作用，那我们甚至就不能真正地理解它们。运动是思维循环　49
的最后部分，通过行动或工作来实现精神的提升。人们通常认为，肌肉应
该用来保持身体健康。所以，为了运动，他们应该打网球或散步，以便真

正促进更好的消化和睡眠！这种错误已不知不觉地进入教育中，就如同使一个高贵的王子成为一个牧羊人的仆人一样荒谬。王子似的肌肉系统已成为植物性系统更好地起作用的一个运转工具。这是一个很大的错误！肉体生命和精神生命完全被分离了，所以，为了使儿童不仅在身体上而且在心理上可以得到充分发展，运动应该被列入教学计划。确实，精神生活与身体娱乐没有什么联系，但是，如果认为肉体生命和精神生命这两方面是截然分开的，那我们就破坏了这种关系的循环，从而使人的一些运动与大脑分离。有人认为人的运动就是用来帮助进食和呼吸的，但实际上运动应该是服务于人的整个生命以及精神发展的。

至关重要的是，人的运动应该与大脑这个中枢联系起来，并置于适当的位置。心理和运动是一个单循环的两个部分，运动是更高的表现。否则，人的发展就是没有大脑的一群肌肉；有些东西没有发挥作用，就如一根骨头折断就使得肢体没有运动能力了。对我们的新教育来说，其本质是：心智发展与运动是联系的，并依赖于运动。没有运动，就没有发展，也就没有心智健康。这个真理不需要任何形式的证明和证据，而只需要观察大自然及其现象，特别是观察儿童的发展就可以获得。科学观察证明，心智是通过运动而发展的；世界各国的实验证实，运动有助于心智的发展，而心智的发展反过来又在进一步的运动中表现自身，所以，存在着一个必定会完成的循环，因为心智和运动属于同一个个体。感官也有助于心智的发展，感官的任何缺陷都会引起儿童心智的削弱。

符合逻辑的观点是，运动应该是心智的一种更高的表现形式，因为那些依赖于大脑的肌肉被称为"有意肌肉"（voluntary muscles），是在个体意志下而运动的。意志就是原动力，没有意志，也就不可能存在心智生活。肌肉构成身体的大部分，并赋予身体的形态。肌肉是多种多样的，有娇弱的也有强壮的，有短的也有长的，分别具有不同的功能。一个有关肌肉系统的独特事实是：如果一块肌肉的功能是在一个特定方向起作用的，那另一块肌肉的功能总是在相反的方向起作用的，运动的精确和优美恰恰取决于这种对立关系。个体并没有意识到这种对立关系，但它是运动发生的方式。对于动物来说，其运动的完善是由自然所赋予的，例如，老虎的运动或松鼠的运动的优美归因于肌肉系统对立关系的丰富性，它们共同起作用才达到了和谐。就人而言，这种机制在诞生时并不存在，所以应该去创造，但只有通过在环境中的实际练习才能做到。它并不是很多的运动练习，而是很多的协调性练习。对儿童来说，这种协调性并不是定形的，而应该通过心智来创造和完善。

人的特点是：他能够进行任何运动，使运动的范围超过任何动物，并使自己掌握一些运动。人具有普遍的运动技能，但只是在一种建构自身的条件下，首先是通过潜意识的意志在创造，然后是有意识地重复进行协调性练习。儿童具有很多潜在能力，他会选择自己愿意使用的那部分潜在能力。一个体操运动员并不是天生就具有一种特殊的肌肉系统来帮助他的运动，一个舞蹈演员也不是天生就具有十分完美的肌肉系统来帮助他的艺术，他们都是通过意志来发展自己的肌肉系统的。所以，没有任何东西是预先建立的，但在意志的引导下，一切都是有可能的。人们并不是都在做同样的事情，就像同一个物种的动物那样。每一个人都有他自己所遵循的道路，工作是他的精神生命的主要表现。那些不工作的人确实处在精神衰退的巨大危险之中。因为肌肉数量太多，肌肉系统无法使所有的肌肉都参与训练，但如果没有一定数量的肌肉的参与，就会使精神生命处于危险之中。对这一事实的认识已导致把体操引入了教育，因为儿童太多的肌肉没有被使用。

51

精神生命必须使用更多的肌肉，但是，在肌肉使用背后的目的不应该首先是功利的，就如在一些我们称之为"技术"的现代教育形式中所发生的情况那样。其真正的目的是，人可以发展运动的协调性，这是丰富他的精神生命实际方面所需要的。否则，大脑肯定会发展一些脱离精神中枢指引方向的运动，给世界带来剧变和灾难。工作最初并不是以生活的技能出现的，而是通过工作来进行自我完善和自我认识的。事实上，通过运动而实现的这种聚精会神肯定会得到必要的发展，其发展是没有限制的。

在所有的其他动物中，四肢是在运动中一起得到发展的；而只有在人身上，腿的功能完全不同于手的功能，它们的发展是截然不同的。也许可以注意到，所有人的行走和平衡能力的发展都是固定的，所以，我们可以称之为"生物学现象"（biological fact）。所有人都用他们的脚做同样的事情，但并不都用他们的手做同样的事情，没有人知道手的活动的限制。尽管脚的功能是生物学的，但它是由大脑的内在发展而引起的，其结果是人只能用两条腿行走；然而，其他哺乳动物都是用四条腿行走的。一旦一个人获得了这种用自己的两条腿行走的技能，他就要保持平衡站立的姿态，但这是一个困难的实现——一个真正的征服，他必须把整个脚放在地上，而不像其他一些动物那样仅仅是脚趾着地。显然，手并没有这样的生物学指导，因为它的动作并不是固定的，但它有一种精神联系，因为发展不仅依赖于个体的精神，而且依赖于不同时代和不同种族群体的精神生命。人的特征是用脑思考和用手劳动，从最早的远古时代起，人已留下了自己劳动的痕迹，根据文明的类型，劳动的成果或粗糙或精美。在考察不文明的历史时，甚至连古人的骨头也没有被留下来；但是，我们可以在古人的艺术作品中获得有关当时人们及其时代的一些信息。一种建立在力量基础上的文明给后代留下了大量的巨石，使我们感到极大的惊叹，而另一种文明也留下了

52

其他更加精致的形态。手跟随着心智、精神和情感，在人类迁徙的背后也留下了所有劳动的痕迹。姑且不提心理学的观点，在人的环境中，所有的变化都是由人的手造成的。因为手是与文明得以建立的心智相伴的，所以可以这样说，手是把无限财富给予人类的器官。

顺便说一下，古代手相术是建立在把手看作一种心理器官的基础上的。从事手相术的人声称，人的全部历史都写在他的手掌上。所以，研究儿童的心理发展应该与研究手的发展紧密联系起来。当然，儿童没有手的使用，他的心智也仍将达到一定的水平，但是有了手的使用，那就可以达到更高的水平。已经使用他自己双手的儿童肯定有一个更健全的性格。如果儿童因为某种环境的力量而不能使用自己的双手，那他的性格就会有一种情绪低落类型的缺陷，就会不服从或不主动、懒惰和忧伤；相反，能够用双手工作的儿童就会表现出坚强的性格。一个有关埃及文明的令人感兴趣的观点是：在那个艺术、军事和宗教领域手工劳动是最伟大的时代，铭刻在墓碑上的献给逝者的最高颂词是："他是一个有性格的人。"

对语言的研究清楚地指出，说话特别是与听觉相关的；同样，人们发现，运动的发展是与视觉相关的。在运动中，第一步是抓住或握住。在手抓握一些东西后不久，就产生了手的运动的意识，并发展了抓握的能力，起初是本能的运动正在变成有意识的运动。在六个月时，手的运动完全是有意识的。在十个月时，对环境的观察唤起了儿童的兴趣，他想抓握每一样东西，因而他的抓握动作是与有意识的欲望相伴的。儿童开始通过改变他周围的东西的位置，以及通过开门和关门、拉开抽屉、盖上瓶盖等进行手的练习。通过这些练习，他获得了手的抓握能力。在这一时期，无论是心智还是意识，都没有对其他肢体产生作用，尽管小脑（平衡的指导者）已经有了迅速的发展。环境与这一切没有什么关系，而是小脑发布指令，儿童通过努

53

54

力和帮助能够自己坐着，然后能够自己站着。首先，婴儿能够用腹部转身用四肢爬行，如果在这一爬行时期，成人给他提供帮助，伸出自己的两个手指让他抓住，他将会踮着脚尖向前移动或站着。当他自己最后能够站立时，他把整个脚放在地上，就能抓住他母亲的裙子行走；在这之后，他就能够独自快步行走，并为这种新的独立而欣喜。现在，如果成人继续帮助他，那么这种帮助在他的发展道路上就将是一个障碍。这时，我们肯定不要再帮助他行走。如果他的手想工作的话，那我们必须给予他活动的动机，引导他沿着获得更大独立的道路前进。

在一岁半这一时期，一个重要而明显的因素就是手和脚的力量，其结果是渴望做事的儿童做出了巨大的努力。此前，平衡感和手的使用一直是分开发展的，但现在它们联系起来了。儿童喜欢提着一个重物行走，这个重物常常是与他自己的身体大小不成比例的。儿童已经学会抓握东西的手必须通过提着重物来进行自身训练。所以，也许可以看到，这一时期的儿童提着一大壶水，为了保持自己的平衡而缓慢地行走。显然，存在着一个挑战重力规律的倾向：儿童不满足于行走，而肯定会通过抓握一些东西使自己向上攀爬。接着，就到了模仿时期，这时已行动自如的儿童喜欢做他周围的那些成人所做的事情。所以，我们可以看到自然发展的逻辑：首先，儿童准备他自己的工具，即手和脚；其次，他通过练习获得了力量；最后，他观察其他人所做的事情，模仿其他人的工作，以使自己为生活和自由做好准备。

55 　　在儿童活动的这一时期，儿童是一个伟大的步行者，他需要长时间的行走，但成人却坚持抱着他或把他放在童车里，所以，可怜的儿童只能在梦里行走。儿童不能行走，那是因为成人抱着他；儿童不能工作，那是因为成人为他做一切事情！在生命开始的时候，我们成人给予了儿童一种自卑情结。

第八章　模仿行为与活动周期

　　一岁半这个年龄阶段成为心理学家们的一个重要的兴趣中心，因为这是一个最重要的教育时期。从生理学观点来看，这是训练上肢和下肢之间协调的阶段；从心理学观点来看，这是儿童充分展现其发展的前夕，早前的努力使他的内心向外显现出来，因为他将在两岁时实现语言的爆发。

　　一个众所周知的事实是：这是儿童要做出巨大努力的一个年龄阶段，他应该得到激励，进而表现出一种模仿本能。人们早已说过，儿童是模仿的，但这是一个肤浅的断言，还应该要求父母和教师为儿童提供一种好的仿效榜样。但是，结果并不完全是满意的，因为所有人都自认为他们肯定是完美的榜样，他们自己也知道事实上远非如此。我们想要一个完美的人，并认为通过模仿我们就会变得完美，但我们并不完美，所以，那是一条没有希望的绝路。但是，自然并不遵循这样的推理。最重要的是，儿童应该为模仿做好准备，这种准备的关键取决于儿童的努力。然而，这种努力并不在于模仿，而在于有关模仿可能性的精神创造，在于努力变成所期望的对象。

一个儿童不可能仅仅通过模仿而成为一位钢琴家，因而必须使他自己的手做好准备去获得必需的灵巧性。在一个更高的层次上给儿童讲有关英雄和圣徒的故事，并不可能使他们成为英雄或圣徒，直到他们的精神做好了准备。模仿可以给儿童提供激励和关注，但必须为实现这种愿望做好准备。自然不仅仅赋予了模仿的本能，而且提供了通过自身努力去变成任何所展示的榜样，所以，这样的教育者作为相信自己正在帮助生命的人，必须认识到他们用什么方式能够对儿童的努力提供帮助。

这一年龄阶段的儿童打算进行一定的工作，按成人的推理它也许是一个没有价值的工作，但这一点并不重要。他必须最后完成这个工作。在儿童身上存在着一种完成行动的充满活力的强烈欲望，如果这种强烈欲望的循环被打断了，那它就表现出偏离正常状态和缺少目的性。现在，重视这种活动循环（cycle of activity）是十分重要的，因为这种活动循环是对未来生活的间接准备。人在整个一生中都在为未来进行间接的准备，可以注意到那些已经从事一些伟大事业的人以前曾有过一个为工作而准备的时期，虽然这些工作并不像最后的工作那样必要，然而，按照某些方式进行的巨大努力在精神上提供了必要的准备，这样的努力必须得到充分扩展——这种活动循环必须完成。所以，成人们不应该对儿童进行干预，不应该中断儿童的任何活动，即使那些活动看起来是没有价值的，只要不是对儿童生命和肢体过于危险的活动，都应该给予理解！儿童必须实现他的活动循环。

58　　　这种活动循环采取了许多有趣的形式。一种形式是儿童喜爱搬运重量超过自己力量的物体，但这没有任何明显的理由。有一次，在一位朋友家里，我看到朋友的儿子在费力地搬运很重的木凳子，从房间的这边一个一个地搬到那边。这一年龄阶段的儿童会连续不断地来回搬运物体，直到他们疲倦为止。这时，成人的通常反应是可怜儿童的虚弱无力，就跑去帮助他，并从他手上把重的物体拿走；但是，心理学家们认为，在儿童选择的活动循环中，这种中断是对这一年龄阶段儿童的最大压制，将会给他们以后带来困难。另一种形式是儿童喜爱爬楼梯。这并不是为了到达更高的一层，因为他到达更高的一层后肯定又会回到原先的出发点，以完成这个活动循环。我看到一个儿童在爬楼梯，楼梯非常陡，每个台阶都有他的腰部那么高，他必须用双手扶住台阶尽力往上爬，并把他的腿绕过最困难的地方，但他坚持爬了45节台阶，终于到达楼梯的最高一层。接着，他回头向下看自己取得的成就，但因其身体失去平衡而从楼梯上滚落下去。当他滚落到楼梯的最下层时翻了一个跟头，然后他站起来并在房间里注视着我们。因为楼梯上铺着厚实的地毯，所以，他只是感到一点点疼痛。我们想他会哭喊，但他却面带微笑，仿佛是想说："攀爬上去是多么艰难，滚落下来是多么容易！"

　　有时候，这些努力显现出集中注意力和运动完美协调比力量更为重要。一个一岁半儿童自由地在房间里漫步，他来到一间储藏室，里面有12块已烫好的大餐巾叠成一堆，以备使用。这个儿童用双手拿起最上面的一块大餐巾，高兴地看着它与那堆大餐巾分开，然后他沿着走廊前行，小心地把它摊放在房间最远角落的地板上。之后，他再走回去拿另一块大餐巾，他重复这个动作12次。当他这样做的时候，每一次都自言自语地说："一块。"在把这些大餐巾全部摊放在他所选择的地方后，我们认为他的工作结束了，但他的工作并没有结束！在把最后一块大餐巾摊放在房间角落的地板上后不久，他又开始把这些大餐巾再拿回到原先堆放的地方。他仍然是一块一块地拿，拿回去一块大餐巾就说："一块。"儿童的专注力是不可思议的，当他完成这个工作后再去进行另一个工作时，其脸上显露出一种兴高采烈的表情。

59

两岁时，儿童有了行走的需要，但心理学家们大都对此没有给予重视。儿童能够行走一英里甚至两英里，如果其中有一段上坡路，那就更好，因为他喜欢走上坡路，他对行走中的那些困难感兴趣。所以，成人应该认识到行走对儿童意味着什么。成人认为儿童不能行走的想法源于这个事实：他们希望儿童按他们自己的步伐行走。但是，因为儿童的腿短，所以他不能保持成人的步伐。为了尽快地到达目的地，成人就抱着儿童，带着他一起行走。可是，儿童并不想去任何地方，他只是想行走。为了真正地帮助儿童，成人必须跟随着儿童，而不要期望儿童保持成人的步伐。这里，跟随儿童的必要性清楚地显现出来，这种必要性实际上就是教育的所有方面和领域的原则。儿童有他自己的发展规律，如果我们要帮助他发展，那我们必须跟随他，而不是把我们自己的意志强加于他。儿童既是用他的眼睛行走的，也是用他的双腿行走的。在行走时，那些有趣的东西会促使他不断地往前行走。儿童在行走时，当他看到一只小羊羔在进食时，他就会被吸引并坐下来观看小羊羔。他对这种体验感到满意，因此，他在继续往前行走时，看到一朵花，又会坐下来闻花香。过了一会儿，他又被一棵树所吸引，围着树转了四五圈，然后再继续往前行走。他能够用这样的方式行走好几英里。在行走途中，他会有很多的休息间隔以及很多的有趣发现。如果在路上遇到一些困难的事情，例如，要去攀爬的岩石或要去跨越的小溪，儿童就感到非常愉悦。对儿童来说，水是一个特别有吸引力的现象，有时候他会坐下来并带着欣喜的表情说："水。"但是，成人这时却完全漠视一条正在一点一点流下来的小溪流。所以，儿童对行走的想法是与他保姆的想法不同的，保姆只想尽快地到达一个地方。保姆带儿童到一个公园里去行走，或者让他坐着童车到户外去，童车的车篷使他不能看到外界的一些东西。

教育必须把儿童看作正在行走的人，他是作为一个探索者在行走的。所有儿童都应该以这种方式去行走，即得到具有吸引力的物体的指导。这里，教育能够通过介绍树叶的颜色、种类和形状以及昆虫、动物和鸟的习性来帮助儿童。当儿童外出时，所有这些东西都使他有了兴趣点，他行走得越远，他所学到的东西也就越多。行走本身就是一种完整的练习。它不需要身体方面的其他努力，因为这只是使儿童更好地呼吸和消化，这正是体育运动所期待的益处。身体的健美可以通过行走来获得。如果儿童发现了一些有趣的东西去捡起来并进行分类，或者要挖出的动物骨头，或者要燃成火把的木柴，那么，这些伴随行走的行动会使这种练习更加完整。

尤其在今天，行走练习必须构成教育的一部分。因为人们外出很少行走而乘坐汽车或使用其他一些交通工具，所以，存在着一种不愿活动和懒惰的倾向。生命是不能一分为二的，通过体育运动来活动四肢，通过阅读来活动头脑。生命必须是一个整体，尤其是在生命的早期阶段，那时儿童正在建构自身。

因此，困难的是去发现这样的人，他们将不对儿童进行干预，而将在遵循自然发展的道路上理解和重视儿童的独立。心理学家们要求给幼儿提供他们能够工作的环境，于是出现了为幼儿开办的学校，甚至有为一岁半儿童开办的学校。在这些学校里，为儿童提供了各式各样的东西，例如，建在树上的小屋，其带有可以上下的梯子。这种小屋不是为了居住用的，而是为儿童攀爬活动提供一个兴趣中心。人们认识到，如果我们要使人成为一个民主社会的合格公民的话，那教育就应该尽早地开始。当我们从生命的最初几年起就让儿童去忍受暴政和服从独裁者时，我们怎么能够谈论民主或自由呢？当我们培养出奴隶时，我们怎么能够期待民主呢？真正的自由始于生命之初，而不是在成年时期。这些已被减少力量的人使得他们

61

自己的眼睛近视，因心智疲劳而失去活力，身体也出现畸形，意志被权威者所摧残，而权威者会对他们说："你们的意志必须消除，而我的意志必须加强！"——我们又怎么能够期待他们在学校生活结束时会接受和行使自由的权利呢？

第九章　三岁儿童

在人生的头三年和以后时期之间，自然似乎划了一条分界线。前一个
时期尽管是具有创造性的和十分重要的活动，但它与诞生前的胚胎生命相
类似，成为一个被遗忘的时期，因为人只是在三岁时才开始有充分的意识
和记忆。人们把三岁之前这一时期称为"心理-胚胎时期"（psychic-embryonic
period），已经有了各自独立的发展，例如，语言、四肢运动及其协调、某
些感官的发展，恰如各个器官在诞生前的生理胚胎中一个接一个地显现出
来，但人什么也记不起来了。这是因为此时还没有个性的统一体，这样的
统一体只是随着各个部分发展的完成才出现的。这种潜意识和无意识的创
造物，这个被遗忘的儿童，似乎被排除在人之外，向我们走来的儿童在三
岁时似乎还是一种不能被理解的生物，在他和我们之间的联系已被自然分
离了，所以，我们或者应该了解在这个最早的时期所发生的一切，或者应
该认识自然本身，免得我们无意地破坏自然所建构的东西。人为了具有重
大意义的文明生活方式，已抛弃了生命的自然道路。因为文明化的人类仅
仅给予儿童生理上的保护，而没有给予他们心理上的保护。对于儿童来说，
其结果就是为他准备了一个监狱——一个有障碍的环境。

儿童完全处在成人的关爱之中，但如果他不能受到自然或科学智慧之光的照耀，那将在儿童生命中出现一些最大的障碍。三岁儿童必须通过在环境中的练习得到发展，使用他在前一时期已创造的东西。他已忘记了那几年里所发生的事情，但是，他那时创造的能力现在已在意识层面出现，通过经验而有意识地运用。在心智的指导下，人的手进行了一种工作，将意志付诸行动。就儿童而言，他以前是通过他的心智来感受世界的，而现在是通过他的双手来获得世界的。他需要完善自己以前所获得的成果，例如，语言在环境中早已得到充分的发展，但要继续丰富词汇，一直到四岁半。儿童的心理仍然保存了心理－胚胎时期的不知疲倦的吸收力，但现在他的手成了心智综合的直接器官。儿童的发展是通过他的双手的工作，而不再是通过四处行走。在这一时期，儿童继续进行工作，如果他始终用自己的双手那么忙碌地工作，他将会感到幸福和欢乐。成人把这一时期称为"神圣的游戏时期"（blessed age of play），社会生产了与儿童活动需求相符的玩具。但是，社会并没有提供发展儿童心智的玩具，而只是提供无教育价值的玩具。儿童想触摸所有东西，但成人只让他触摸某些东西，而不让他触摸其他东西。沙子是成人唯一允许儿童触摸的实物，甚至在没有沙子的地方，富有同情心的人给富裕家庭儿童运来了沙子。水也是成人允许儿童触摸的东西，但不能有很多水，因为儿童玩水时会把自己的衣服弄湿。因为水和沙子会使儿童弄得浑身肮脏，所以，成人不得不给他洗干净。当儿童对玩沙子感到厌倦时，成人会把自己使用过的物品模型给他，例如，小型厨房和房屋、洋娃娃钢琴，但这样的东西都是不能实际使用的。成人认识到儿童想在他自己的工作中模仿他们，但作为回应他们所给予儿童的东西是不能用来工作的。这是一种嘲弄！对于孤独的儿童来说，成人给予了一个玩具娃娃，即一种可笑的人物形象，对他来说玩具娃娃可能变得比其父母更为实际。但是，玩具娃娃不能回答他的问题或回应他的爱，所以，它是一个不能得到满足的社会替代物。

玩具已变得如此重要，因而人们认为它是对儿童心智的一种帮助。在某种程度上，玩具比没有东西好，但重要的是，儿童很快会对一个玩具感到厌倦，又想要新的玩具。儿童胡乱地把玩具弄坏，人们猜想他以把玩具拆成分散的部件和毁坏玩具为乐，但这种性格是人为造成的，归因于他自己没有适宜进行操作的东西。儿童对这些玩具的兴趣不大，那是因为它们缺乏现实性。所以，儿童变得没有活力和缺乏注意力，因而不能正常地发展，直到其心理完全发生畸变。在这一年龄阶段，儿童认真地和有意识地尝试去完善他自己，在所有生活经验中模仿他的长辈。如果我们不给儿童提供自我完善的机会，那他肯定就会发生心理畸变。

特别应该指出，这是文明社会中儿童的不幸悲剧。在比较简单的社会环境中，儿童通常是更为宁静和更为幸福的，自由地使用他周围的那些物品。这些物品并不那么珍贵，成人不会因为害怕意外损坏而阻止儿童使用。如果母亲洗衣服或烘面包，那儿童也可以一起做；如果儿童能够找到一些适宜的事情，那他自己就是在为生活做准备。

这个事实是无可置疑的：三岁儿童肯定会为他自己而动手做一些事情。当某些物品是为儿童定制时，它们的大小比例应该和儿童的身材相符。儿童能够使用这些物品进行活动，恰如成人的活动一样，他的整个性格似乎是在变化的，他会变得心态宁静和心满意足。他并不关注没有出现在他的日常环境中的某些东西，因为他的工作是为了使自己适应成人世界，而合乎自然的目的是在完成一些特定的事情中获得欢乐。所以，新教育的方式就是激励儿童使用物品进行活动的动机，特别制作适合于他们力量和身材的物品，就像成人在家里和在田野里日常工作一样，儿童必须有他们自己

65

的家和他们自己的田野。儿童不需要玩具，但需要他们自己的家；儿童不需要玩具，但需要他们自己能够使用小工具进行工作的田野；儿童不需要玩具娃娃，但很需要其他小伙伴和一种他们能够为自己而行动的社会生活。这些东西就是我们今天替代过去的玩具的替代物。

一旦这种障碍被清除，虚幻的弊病就可以克服。当给儿童提供了真实的东西时，他的最初反应完全出乎我们的期待。儿童显现出一种不同的个性，维护他的独立性，拒绝对他的帮助。儿童使母亲、保姆和教师们感到十分惊讶，因为他清楚地表现出希望自己不受到干预，因此，在儿童成为主人的这种环境中，成人应该仅仅是观察者。

现在，谈谈我的那些许多年前在罗马进行的实验，虽然发生了一些特殊情况，但事实证明我是幸运的。如果一所"儿童之家"开办在纽约的富人住宅区，那就不会发生任何引人注目的事情，正如在许多招收富裕家庭儿童的学校里不会发生任何事情一样。在罗马的第一所"儿童之家"里，它不是仅仅缺少儿童所使用的教具问题，而是同样引起人们费解的其他事情。

有助于我的第一所"儿童之家"实验的情况主要有三个：

66　第一，极端贫困和十分艰难的社会条件。极端贫困家庭的儿童可以在身体上忍受缺少食物，但他发现自己在自然条件下并不缺少精神资源。

第二，这些儿童的父母都是文盲，因而不可能给他们提供不明智的帮助。

第三，我们的教师并不是职业教师，因而摆脱了由通常的训练方式而导致的那些教育学偏见。

在美国进行的一些实验从未获得成功，那是因为他们寻找"最好的教师"，而一位"最好的教师"意味着他曾学习的一切并不是帮助儿童的，他的头脑里充斥着反对儿童自由的观念。这位教师对儿童的强制要求只能阻碍他们的发展。因此，所挑选的人必须是简单纯朴的，能够与贫困家庭儿童很好地相处，需要的不是强制要求儿童而必须是不使儿童受到惊吓，因为这是一种崇高的精神条件。如果我们希望进行一个容易的和肯定能够成功的实验，那我们应该在贫困家庭儿童中进行工作，给他们提供一个他们不曾拥有的环境。一个科学地制作的教具能够引起一无所有的儿童的极大兴趣，激起他在精神上集中注意力。40年前，这个事实引起了人们极大的惊讶，因为在三岁儿童中从未发现过这样的情况。对儿童来说，注意力集中是一种基本行为，以便逐渐地认识环境，探索每一个物品，并仔细地思考每一个物品。然而，在通常不令人满意的条件下，儿童的注意力会漫不经心地从一个物品转移到另一个物品，而没有把注意力集中在某个物品上。但我们的实验已证明，这样的多变并不是儿童的真正特性。

必须记住，对三岁儿童来说，仍在工作的"内在教师"正在正确地指引他。当我们谈到一个自由的儿童时，我们意指他遵循着自己强有力的内在天性的指引。受到内在天性指引的儿童关注自己所承担的工作的所有细节，例如，在只是希望他清除桌面的灰尘时，他会把桌子的桌面、侧面、底部和桌腿，甚至桌子的缝隙都擦干净。教师给予儿童自由，也不打断他的工作，所以，他整个人就会聚精会神地投入自己的工作。但是，太多的教师倾向于不断地打断儿童的工作，并给他们授课，因此，正在自然指引下自由地发展的儿童会因为教师的授课而不能继续他的工作。教师认为，她应当循序渐进地引导儿童由易到难、由简单到复杂，而儿童能够由难到易，迈步前进。这样的教师的另一种偏见，就是认为儿童容易疲劳。但是，一个儿童对自己正在做的事情感兴趣，就会不知疲倦地继续进行工作，而当教师每隔几分钟就打断他工作并让他休息时，他就会失去兴趣和感到疲劳。在一些毕业于通常的教师培训学院的教师中，这些偏见在她们的头脑里是根深蒂固的，并没有被矫正。大多数现代学校在有关休息的需要上都

67

存在着这种偏见，所以，糟糕的是学生每隔45分钟要被中断一下，因而产生了不幸的结果。教育界遵循人类的逻辑，但自然界有其他的法则。在心智活动和身体活动之间的逻辑区分断言，因为心智活动我们必须坐在班级教室里，因为身体活动是不需要心智部分参与的，所以，把儿童切成了两半。当儿童进行思考时，成人不允许他使用自己的双手；但自然表明，儿童思考时不能没有他的双手，他还需要继续四处行走，就像古代希腊逍遥派哲学家（peripatetic philosophers）①那样。运动和心智是结伴而行的，但许多人认为不可能有这样的一所学校，在那里儿童可以一边学习、一边继续四处行走。

68　　在我们新的教育方法中，最大的成就就是引导教师从这些或那些偏见中解放出来，最大的成功就是教师很好地摆脱偏见而获得了自由。所以，如果设想大多数人的教育缺乏受过原先训练的职业教师，那我们只能这样说："感谢老天啊！"这是一个有利的条件。

　　然而，新的教师必须理解一些基本的和有一点困难的事情，例如，在我的第一所"儿童之家"中，我教过自己的助手（她是公寓看门人的女儿）如何用一种特定的方式和顺序给儿童呈现某些教具，然后让儿童独自去使用教具。因为她没有受过教育，所以，她能够严格地按照我所说的去做；使她感到惊讶的是，儿童使用那些教具进行工作，并取得了不可思议的效果。她认为是一些天使或一些精神力量在活动，就跑来找我，并有点惊奇地对我说："夫人，昨天下午两点钟，这个儿童开始书写了！"所发生的一些事情似乎是超自然的，儿童书写出一些漂亮的句子，而之前他在自己的生命

----

　　① 古代希腊逍遥派哲学家，亦称"逍遥学派"，系"亚里士多德学派"的别称。古代希腊哲学家亚里士多德（Aristoteles）弟子世代相传组成的学派，其教学方式常常是边散步边讲课。公元4世纪起，逍遥学派的传统特色渐渐消失。——译者注

中从未书写过任何东西，甚至还不会阅读。

经验已表明，教师必须越来越退居幕后，只能是为儿童的工作做准备。我们的工作是使教师确信，在干预是不需要的甚至是有害的地方，就应该采取我们所说的"不干预方法"（Method of Non-Intervention）。教师必须估量儿童需要的是什么，就如同一个仆人为他的主人准备好饮料，以便使主人想喝时就能喝。教师们应该学会谦卑，在对儿童的关爱中不要去强迫他们，但要十分关注他们的进步，为他们继续进行所喜爱的活动准备所需要的一切。

社会底层的父母最热心与我们的教育方法进行配合。尽管孩子的父母都不会书写，但当孩子书写出第一个词时，他们对孩子的这一成就感到非常高兴，并对孩子进行激励；而富裕阶层的父母却没有表现出什么兴趣，可能会问孩子在学校里教师是否教他们书写技巧，所以，这一成就似乎是不重要的。一个想去清除灰尘的儿童常常被告知这是仆人的工作，他被送入学校并不是为了学习这样的苦差事！此外，一位母亲发现她孩子正在学习数学，就害怕孩子年龄太小而会患上脑炎，因而要他停止学习数学，所以，无论是获得一种优越感还是获得一种自卑感，这个儿童在心理上都受到了严重的影响。

因此，对教育实验来说，被认为是不好的条件实际上是好的条件。成功本身不仅限于儿童，而且会影响父母。在我进行实验的第一所"儿童之家"中，开始进行实际生活练习的儿童会对他们的母亲说：不要穿有污垢的衣服，也不要把水撒在地板上，于是母亲们很快也开始注意自己衣服的干净和物品的整洁。父母们也想学习阅读和书写，因为他们的孩子已知道如何阅读和书写。因此，通过儿童使整个环境开始了改变。我们自己的手中似乎有了一根令人不可思议的魔杖。

69

第十章　通过观察而发展的方法

70　　在我的早期实验中，最先引起公众注意的是儿童书写的爆发。它不仅仅是儿童书写的爆发，而且是儿童个性的爆发。一座大山可以看起来是质地坚实和永久不变的，然而却蕴藏着内在的活力，总有一天熔岩会冲破地壳而喷发出来。它是火焰、浓烟和一些不为人知的物质的一种喷发，向那些考察山脉的观察者揭示地球内部是什么样的。儿童书写的爆发是与它相似的，其出现是由于环境的缘故，这个环境对这样的展现似乎是最不利的。贫困和无知，以及缺少教师、教学大纲和规章制度，没有提供任何基础，正因为这种情况而使得儿童心灵能够得到充分的展现。一些障碍不知不觉地被消除了，但那时并没有人知道障碍是什么。值得注意的是，并不是由任何教育方法引起这些爆发的，因为那时这种教育方法还不存在，研究儿童的心理学以及教育方法的形成其实正是儿童中这种火山爆发的结果。报纸用"人类心灵的发现"（*Discovery of the Human Soul*）这样的标题来谈论这种现象。

71　　随后出现的新科学不是基于直觉，而是基于直接的感受。被证实的那些事实分成两类：一类事实显示了儿童心理在一个难以置信的早期年龄阶段能够获得文化，但必须通过他自己的独立活动；另一类事实指明了儿童性格在一个年龄阶段的发展，旧时代教育者一致认为对儿童性格的影响来说这一年龄阶段还太小。其实，他们的看法是错误的，因为他们认为是成人影响了儿童的性格，由恶变善是一个永恒问题。但是，三岁至六岁这一时期正是性格发展的时期，每个儿童都是根据他自己的法则发展性格的，只要他没有受到阻碍和压抑。

儿童专注于那些早已记在心里的东西以及早已在以前的时期里所吸收的东西，因为无论获得什么，他都会记在心里并进行思考，所以，书写的爆发归因于以前所学会的说话以及语言敏感性，后者会在五岁半到六岁时消逝。儿童只是在这一年龄阶段才能带着兴奋和热情去完成书写，而八九岁的儿童已没有这样的灵感。可以看到，儿童已经间接地准备了书写的器官，所以，也间接地准备了被用作"蒙台梭利方法"的一个不可缺少的组成部分。我们已观察到，自然已经在胚胎中进行了间接的准备，直到那些器官做好了服从的准备，它才发布命令。性格只能以同样的方式来形成。仅仅通过模仿或强迫服从，将什么也不可能获得，而必须进行内在的准备以使服从成为可能，但这样的准备是间接的。这十分清楚地指出了为儿童提供一个准备好的环境的必要性以及心灵能够发展其力量的自由。

在语言的发展中，儿童在更早的阶段所遵循的似乎是说话的一种语法顺序，从语音和音节到名词、形容词、副词、连词、动词和介词。因此，72 我们认为，在第二个阶段应该帮助儿童获得一种语法方法，我们最早的语言教学就是有关语法的。它看来似乎是荒谬的，因为根据我们通常的思维方式，语法应该在三岁时教，即在阅读和书写之前教，但儿童对语法表现出强烈的兴趣，而年龄更大的儿童没有什么兴趣。语法毕竟是语言的句法结构，儿童应该建构语言，并在语言建构中得到帮助。

在我们的学校里，我们注意到儿童对词语的极大渴望，但因为那些未受过专门训练的教师就认识那么多词语，所以，她们跑来找我，以扩大自己有限的词语量。我们设想，应该尝试进行给予儿童所需词语的实验，以使他们获得更高的文化，诸如几何图形、多边形、不规则四边形和其他复杂图形的名称。儿童们在一天内就很容易地学会了。接着，我们就让儿童学习科学仪器的名称，诸如温度计和气压表以及植物的名称，诸如花瓣、萼片①、雄蕊、雌蕊。他们对所有这些词语都表现出极大的热情，并要求增加一些词语，因为三岁至六岁这一时期也是儿童对词语表现出强烈渴望的一个时期，再长和再复杂的词语也难不倒他们。我们给予儿童在所有学科（动物学、地理学及其他学科）的不同分类中所使用的词语，唯一的困难是教师自身，她们不认识这些词语，并难以记住它们的含义。

73　儿童心智本身并不限于他们能够看到的那些物体及其性质，而会超出这一方面，表现出他们的想象力。对儿童来说，在游戏时，一张桌子变成了一幢房子，一把椅子变成了一匹马，他们能够想象一位仙女和一种仙境。尤其是借助一个地球仪的帮助，可以毫无困难地想象美国或世界。我们的一些六岁儿童拥有一个地球仪，当他们谈论这个地球仪时，一个还不到四岁的儿童就跑来说："让我看看！这就是世界吗？现在，我明白了我叔叔是如何三次周游世界的。"与此同时，他认识到地球仪只是一个模型，因为他知道世界是辽阔无际的。

一个还不到五岁的儿童也要求看看为年龄大的儿童所提供的地球仪。这些年龄大的儿童正在谈论美国而没有注意到他，直到他打断了他们的谈

---

① 萼片，指托在花下部的绿色小片。——译者注

话。他问："纽约在哪里？"他们指给他看纽约的位置。接着，他又问："荷兰在哪里？"那时，我们正在荷兰工作。当我们在地球仪上给这个儿童指出他自己的国家时，他触摸着地球仪上的蓝色区域说："这是海。我爸爸每年去美国两次，住在纽约。当他刚启程时，妈妈告诉我们：'爸爸在海上。'后来，妈妈又说爸爸正在纽约。现在他又在海上，我们很快就要在鹿特丹①接他。"这个儿童曾听到过很多有关美国的事情，现在他发现了美国就感到很高兴，在他心中明确一个方位恰如以前在实际环境中应该明确一个方位一样。为了理解他那时代的精神世界，他应该从家里的长辈那里获得一些词语，然后给这些词语添上他自己的想象。在六岁以下的儿童中，这种想象力通常会用在玩具和童话故事上，但我们确实能够给予他一些实物去让他发挥想象力，因而把他放在与其环境更加精确的关系之中。

这一年龄阶段儿童的另一个显著特征是，他们总是不断地提出问题，以探寻事物的真理。对成人来说，应该对儿童提出的问题感兴趣，不要把它看成一件讨厌的事情，而要看成一种试图探寻信息的心智表现。但是，儿童不能集中注意力听长时间的讲解，因此，对儿童问题的回答要简洁，有可能的话应该通过一些有说明的物品来提供帮助，就如同借助地球仪来回答儿童有关地理的问题一样。

教师应该进行一种专门的准备，因为按照我们的逻辑并不能解决儿童的问题。我们应该了解儿童以前的发展，更应该摆脱自己的先入之见。重要的行动和棘手的问题是：需要关注三岁至六岁儿童的心智。幸运的是，儿童是依靠环境而不是依靠教师得到发展的，教师仅仅需要站在他们身旁，在他们需要的时候提供服务和帮助。

---

① 鹿特丹，荷兰第二大城市，曾是世界货物吞吐量最大的海港。——译者注

现在，我们来谈谈性格和道德教育这个重要问题。我们的实验已很多次证明，必须从不同的观点来看待这个问题，帮助儿童性格的建构，而不是教儿童性格的建构。对性格形成来说，三岁至六岁这一时期是最重要的，因为儿童在这一时期逐渐形成性格，不是由于外部的榜样和压力，而是由于天性本身。我们前面已经考察过，诞生后的头三年是最重要的，这三年中的影响能够改变儿童一生的性格。甚至在那时已形成了一种性格，或者处在与障碍发生的冲突之中，或者处在摆脱障碍的自由之中。如果在受孕、妊娠、诞生及诞生后第一个时期，儿童都受到了科学的照料，那么，这个儿童在三岁时应该是一个模范的个体。但是，这种情况很少发生，因为儿童通常会遇到许多不幸的事情。

如果性格的缺陷归因于诞生之后的困难，那这种缺陷比在妊娠期所产生的那些缺陷要好一点，而在妊娠期所产生的那些缺陷又要比在受孕期所产生的那些缺陷要好一点。如果性格的缺陷归因于诞生之后的缺陷，那这些缺陷能够在三岁至六岁这一时期进行矫正，因为这是学习适应和完善自己的时期。但是，归因于"诞生创伤"的心理和生理缺陷是很难矫正和治愈的。智障、癫痫和麻痹是器质性疾病，通过我们所能提供的任何帮助都是无法治愈的。但是，非器质性缺陷如果在六岁之前进行治疗的话，那是可以矫正和治愈的，否则，这些非器质性缺陷不仅会被保留，而且将会得到发展和强化。一个六岁儿童的性格很可能是累积而成的，但实际上并不是他的，而是通过他的经验建构的。一个从三岁至六岁没有受到很好照料的儿童，就不可能获得在七岁至十二岁这一时期应该得到发展的道德意识，或者在心智上就可能产生缺陷。由于缺乏道德性格和学习能力，因此，他成为一个精神上有创伤的人，这是过去的心灵受到挫折的标记。

在我们的学校里以及在许多其他现代学校里，对每个儿童的身体发展

75

都有详细的记录，这样我们就可以知道不同时期的那些困扰，从而决定其治疗方法。我们要询问的是：家族有没有任何遗传性疾病，儿童诞生时父母的年龄，母亲在妊娠期是否经受过意外事故或神经性休克，分娩是否正常，婴儿是否健康或因窒息受到伤害。我们还要获得家庭生活的信息，诸如父母或保姆是否严厉，或者儿童是否受过任何精神创伤。这个问卷调查是必需的，因为来到我们这里的所有儿童几乎都是性格怪异和顽皮淘气的，所以，为了进行矫正治疗，就必须探究和了解他们。

所有这些偏离正常的心理畸变现象，几乎立即进入大多数人有点含糊地称之为"性格"的领域。这些心理畸变儿童被分为两种类型：一种类型是克服障碍的身体强壮的儿童；另一种类型是屈服于障碍的身体虚弱的儿童。身体强壮的儿童表现为：容易发怒，有反抗和破坏的行为，有占有物品和自私自利的渴望，注意力不集中以及心智和想象的紊乱。他们经常大声喊叫和喧闹，喜欢戏弄别人和虐待动物。他们还常常是贪吃的。身体虚弱的儿童表现为：被动消极，诸如懒散、迟钝，为要物品而哭喊，以及想使每一样物品都归自己使用。他们害怕任何奇异的东西，并依附于成人。他们总是想玩耍娱乐，但很快就厌烦和疲倦。他们有说谎和偷东西的坏习惯，但这是他们自我防卫的基本方式。

伴随这些性格缺陷而来的是某些身体疾病，因而会表现出一种心理起因，但不应该把它们与真正的身体疾病混淆起来，例如，食欲不振或者其反面——暴食而引起的消化不良。晚上做噩梦和害怕黑暗会影响儿童的身体健康及导致他们缺乏活力。没有任何药物能够医治它们，因为它们是由心理原因而引起的。

有这些缺陷的儿童，尤其是身体强壮类型的儿童，对他们家庭来说是很不幸的。由于这些儿童被父母放逐到托儿所或寄宿学校去，因此，尽管

76

他们的父母还健在，但他们已成为一些孤独的人。

有些父母采用一些严厉的方法，诸如体罚、责骂、不给吃饭就上床睡觉等，但儿童会变得更坏或表现出类似的消极状态。于是，父母尝试采用说服的方法，例如，给儿童讲道理，激起他们的情感——"你为什么要使妈妈伤心呢？"但是，并没有效果。被动消极类型心理畸变儿童的父母倾向于让他们什么事情也不做。母亲认为她孩子是听话和服从的，当孩子抓住她的手不让离开和她不在身旁就不睡觉时，她觉得这只是孩子十分喜爱她的一种迹象。但是，她不久就发现孩子在说话与行走上是滞后和迟钝的。尽管身体是健康的，但孩子害怕任何事情，不想吃东西，需要用讲故事来哄他。母亲尽量说服她自己，相信孩子是一个理智的儿童，也许长大后会成为一个圣徒或诗人，但母亲很快就找来医生给他治病。这些心理疾病使得家庭医生交了好运。

使我们的第一批学校变得引人注目的事实之一，就是儿童的这些心理缺陷的消逝。它归因于一件事情，即儿童可以自由地在环境中进行他们自己的活动，并通过这些活动经验丰富了他们自己急切渴望的心智。一旦儿童的某些兴趣被激起，他们就会围绕着一种兴趣而进行反复的练习，从所关注的一种工作转到另一种工作。当儿童达到能够集中注意力和围绕一种兴趣进行工作的阶段，那些心理缺陷也就消逝了，无序状态变成了有序状态，消极被动变成了积极主动，原先困扰他们的东西变成了帮助他们的东西。所以，曾经出现的心理缺陷其实并不是儿童的真正特性，而是他们的习得特性。因此，我们对母亲们的建议是：让儿童进行一些有趣的工作，在他们已开始的工作中决不要打断他们。糖果、惩罚和药物是根本没有什么帮助的。我们不要情绪化地对待烦人的儿童，或者把他称为愚笨的儿童；当他需要精神食粮时，我们却什么也不提供。人天生就是一个有心智的生物，其对精神食粮的需要甚至超过对身体食粮的需要。与其他动物截然不同的是，人类必须根据生活及生活经验来塑造他自己的行为。如果走在这条人生道路上，那么所有的人都将是身体健康和心智完善的。

第十一章　纪律的恐吓

　　事实已表明，道德教育只是意味着性格的发展，能够消除那些道德缺陷，而不需要训诫说教和严厉惩罚，甚至不需要成人树立一个好榜样。既不需要威胁，也不需要许诺，但需要适宜于生活的环境条件。

　　除了前面考察过的所谓"好的"（或称为消极被动的）和顽皮淘气的两种类型儿童外，人们通常还认为有第三种类型的儿童。这种类型的儿童，身体十分健康，具有丰富的想象力，会从一件事情转到另一件事情。他们被父母们看作特别聪明伶俐的儿童——事实上，看作优秀儿童！但在我们的学校里，我所看到的是，当儿童变得对他集中注意力的工作感兴趣后不久，那些特征全都消逝了。所谓"好的""坏的"和"优秀的"儿童好像都融合为一种类型，根本没有这些特征。这表明，迄今为止，人们还不能判断好坏，在对儿童的评价上是错误的。所有儿童的真正目的是，在工作中表现出坚

定性，在工作的选择上表现出自主性，而无须教师的指导。儿童遵循一些内在指导，进行不同的工作，并使自己获得欢乐和宁静。于是，在儿童中以前从来不为人知的一些事情出现了，这就是自发的纪律。这给来访者留下了深刻的印象，甚至超过了对已出现的书写爆发的印象。儿童在教室里

四处走动，自由地选择工作，每个人都把自己的注意力集中于不同的工作，但整个群体呈现出良好的纪律。所以，问题得到了解决：要获得纪律，就要给予自由。对于成人来说，无须在行为上成为一位指导者或导师，但应该给予儿童迄今为止仍然被否定的工作机会。

起初那似乎是不可能的，没有教师的指导，一个40个儿童的群体能够在一间教室里安静地工作，特别是他们的年龄是三岁至五岁。各家报纸宣称它是一件奇迹般的事情，是一件真实的而难以置信的事情！一些来访者试图去发现我使用过的巧妙方法，因为他们确信它是一种巧妙方法。有些人说，它是因为我个人的魅力或催眠术而产生了这个结果，但我可以回答说："这件事情发生在纽约，而那时我正在罗马！"其实它不是偶然发生的现象，而是在我们的所有学校里都发生的现象，包括在美国、新西兰、法国和英国开办的学校。其他的怀疑者得出结论说，儿童是在教师指导下专门为来访者准备的，或者教师用她自己的眼睛想方设法表示赞成或不赞成。但是，从所有国家收集来的证据清楚地表明，一个共同因素是"正常化"儿童的那种令人惊讶的纪律。为了同"心理畸变"儿童相对比，我们把在我们学校里成长发展的儿童称为"正常化"儿童。

在我的第一所"儿童之家"中，所有儿童都来自同一个贫民住宅区。在那些怀疑者中，有一位是阿根廷共和国驻意大利王国大使。他想亲自看看这所学校，决定不事先通知就去，这样就不可能为他的参观进行什么准备。他把自己的想法告诉了意大利总理的女儿，她答应陪大使去参观，但并没有通知学校。然而，他们忘记去参观的那天是星期四，正好是意大利小学的一个节日，所以学校是关门的。但这时，有一个儿童来到他们身旁，问他们想做什么。这个儿童才四岁，这个年龄的贫困家庭儿童往往不能与富有的外国人进行流畅的交谈，但他在行为举止上十分自然大方。当大使

为了新世界的教育

等人说他们想看看学校而对学校关门表示遗憾时，他就回答说："噢，没有关系！看门人有钥匙。所有儿童都住在这里，我可以去叫他们。"使这些来访者感到惊讶的是，儿童们都非常高兴地来到学校，带着很高的热情并十分有序地进行工作，尽管教师没有在场。大使先生宣称说，没有任何例子能够得到如此确定的证明，于是他成了我们教育方法的坚定拥护者。

　　另一个这样的机会发生在旧金山举办的世界博览会（the World Fair）上，那时正是巴拿马运河通航。在教育展厅中，布置了一小间蒙台梭利教室，教室四周的墙壁是由玻璃制成的，这样人们可以从外向里进行观看，但又不会打扰进入教室的儿童们。柏克赫斯特（Helen Parkhurst）[①]是一位教师，晚上她把教室门锁上，教室钥匙交给一位保安。有一天，保管钥匙的保安因为出了车祸而没有来，人们不得不等在外面，其中也包括儿童们及他们的教师。最后，柏克赫斯特小姐说："今天，我们无法进入教室里进行工作。"但是，有一个儿童看到一扇窗户开着，就说："请把我们举起来，我们将从窗户进去工作。"这扇窗户的宽度是和儿童的身材相称的，因此，柏克赫斯特小姐说："对你们来说完全没有问题，但我不能从窗户进去！"儿童回答说："没有关系，您又不进行工作。您可以坐在外面，与其他人一起看着我们。"所以，教室门无法打开这个困难被克服了，蒙特梭利方法的展示取得了意想不到的成功。

　　只是在六岁之后，儿童才能从正常教学中获得益处，因为在六岁至十二岁阶段，儿童的意识被唤醒了，变得对正确和错误的问题产生了兴趣。然而，在十二岁至十八岁阶段，他们有可能取得更大的成功，因为那时他

①　柏克赫斯特（1887—1973），美国进步教育家，道尔顿计划的创始人。1914年，曾赴意大利蒙台梭利国际训练班学习。1916—1918年，担任美国蒙台梭利学校视导员，还在纽约创立了两年制蒙台梭利学院。主要著作有《道尔顿制教育》《探究儿童的世界》等。——译者注

们已感受到宗教情感和爱国精神的理想。

　　性格训练问题主要是与意志和服从有关的，其目的通常是抑制儿童的意志，教师会用自己的意志来替代儿童的意志，并要求儿童服从。在这些方面存在着很大的混淆，需要进行澄清。生物学研究告诉我们，人的意志是被称为"策动力"的宇宙力量的一部分，它不是身体力量，而是在进化道路上的一种普遍的生命能量。进化是遵循规律的，绝不是随意的或偶然的。作为这种力量的一种表现，人的意志应该形成其行为，当儿童能够实施某些行动时，他只是通过经验而部分地意识到自己的意志。儿童天生就服从自然法则。

　　有一种错误想法，认为儿童的自发行动是混乱无序的，有时是粗暴的；还认为这样的行动并不是儿童意志的表现，因为它们是在生命策动力领域之外的。它仿佛是我们错误理解一个因为惊厥而做出怪相的人，以为其行动是由他的意志决定的。如果我们认为儿童或成人所有的混乱无序运动都是由意志决定的，那就会自然地相信这样的意志必须抑制或消除，必须做到服从。一位伟大的教育家说过："教育的本质可以包含在一个词——服从之中。"人类的逻辑使我们相信，通过使一个儿童服从，就可以把所有美德教给儿童，儿童就肯定能成为有德行的人！但从这些方面来看，似乎又指出，儿童的根本缺点就是"不服从"，而且这个问题的解决是十分困难的。

82

　　幸运的是，这个问题并不是不能解决的！人的意志不是表现在混乱无序或粗暴上，那是遭受伤害和受到阻碍的标志！但是，意志的丧失是瞬间的事情，而意志的形成发展却是一个漫长的过程，因为意志是发展的，依赖于来自环境的帮助。

　　意志形成发展的这个漫长过程可以比作纺纱织布。在一个不断扩大的活动领域，意志通过活动而得到发展，意志的结构也越来越强化。通过与这些具有一个中心目的的活动的联系，例如，布置餐桌或端送饭菜，儿童们的自由意志可以不断地趋于同样的目的。我们通过来自意志的内聚力而形成一个群体，其甚至超过通过来自同情的内聚力而形成的一个群体。这里，情感并不是首要的，意志才是具有内聚力的力量，因为所有人都需要或都希望同一行动，所以人们不可思议地看到一种源于冷静行为的联合。但是，意志首先必须在每个儿童身上得到发展。

在我的第一所学校里，发生了一件使人感到惊讶的事情——"肃静课"（Silence Lesson），这种肃静课的形式实质上对我们的教育方法做出了新的贡献。我进入了一个儿童正在认真地进行工作的班级，这些儿童的意志早已形成发展了。当我进入这个有45个儿童的班级时，我的手臂上抱着一个四个月大的婴儿。按照旧的意大利风俗习惯，婴儿的双腿应该用布紧紧地裹起来，这样他的两条腿肯定是完全固定不动的。在我把抱着的婴儿给儿童们观看时，我说："这里有一个来访者！看他是多么安静。我确信你们不能像他那样做到如此安静！"我想，他们听到我的玩笑就会大笑起来，但是，所有儿童都变得非常严肃认真，立即把他们自己的双腿并拢在一起，克制自己不做任何动作。考虑到他们没有理解我的意思，我重复说："但愿你们能够感受到他的呼吸是多么轻微！你们的呼吸不可能如此轻微，因为你们的胸围更大。"那时，我想儿童们会笑起来，但他们根本就没有笑。他们使自己的双腿保持得一动也不动，甚至控制自己的呼吸而不发出任何声音，所有人都严肃地看着我。于是，我说："我将安静地走出教室，而这个婴儿将比我更安静，他将一动也不动，不发出任何声音。"我走出教室，把婴儿交还给他母亲，再回到儿童中间，发现他们仍然一动也不动，他们的脸部表情似乎在说："看！你发出了一点声音，但我们恰恰能够像婴儿那样的安静。"因此，所有儿童都具有相同的意志，都渴望做同样的事情，其结果是一个有45个儿童的班级完美地保持了静止不动和安静。人们会疑惑这样一种令人惊讶的纪律是如何实现的，而我的意图只是想使儿童笑起来。这种肃静是那么完美，以至于我说："多么安静啊！"——儿童似乎也感受到肃静的特性，仍然是一动不动，并控制自己的呼吸，直到我开始听到我以前没有注意的一些声音，例如，钟表的嘀嗒声、外面水龙头的滴水声、苍蝇乱飞的嗡嗡声。这种肃静是让儿童感到极大欢乐的一个原因，并由此发展成为我们学校的一个特点。通过这种练习，我们可以估量儿童的意志力。运用这种练习将使儿童的意志力更强，也将使他们保持安静的时间更长。不久，我们就增加了低声呼叫每个儿童名字的练习。在低声呼叫时，被呼叫到名字的儿童不发出声音地走过来，其他儿童仍然保持安静。由于每个儿童都尽量努力做到小心缓慢地行走，不发出任何声音，最后被呼叫到名字的儿童就需要较长时间地等待。这些儿童表现出他们自己的抑制能力要比大多数成人强，正是意志和抑制使儿童做到了服从。

通过把婴儿抱进教室，我意外地获得了这种最初的肃静课形式，但我并不总是依靠这样的一位来访者以重复激起儿童的兴趣。我发现，最好的方式就是问儿童："你们喜欢进行肃静课练习吗？"儿童立即表现出极大的热情。结果我发现，我能够发出使儿童保持肃静的命令，并使他们服从这个命令。一位已有十多年教龄的教师在这方面的经验是令人感兴趣的。她发现，她应该使自己检查一下避免事先进行有意识安排，诸如不要说"在今晚放学前把每一样东西都整理好"，因为儿童在她还没有说完这句话之前就清楚其含义，并开始行动了。随着她发出的每一个命令，相似的事情已经开始发生了。在她说话的时候，她就明显地感受到这种直接反应。真正的服从是意志形成发展的最后阶段，所以，意志的形成发展只是使服从成为可能。好教师应该学会严格地避免滥用儿童的服从。一位领导者的职责

84

是：他应该意识到并不是因为他的地位而带来具有影响力的权威性。七岁后，儿童们将寻找这样的一位领导者；而在七岁之前，他们具有社会内聚力的本能。

儿童服从的发展可以分成三个阶段：

（1）完成任务的生理能力。在这种生理能力尚未发展之前，儿童会今天服从了，明天又会拒绝服从。它不是出于任何恶意，而是由于在这一阶段还没有充分发展。

（2）始终习惯性地服从的能力。

（3）服从的最高形式就是渴望服从和乐意服从，但在成人中很少表现出来。

85　　如果一个儿童服从教师的意志，那是因为他害怕教师或者是因为教师的影响起了作用。他没有自己的意志，其服从实际上是通过对意志的抑制才实现的。在学校里，服从常常就是这样获得的，但好的纪律是通过已得到发展的意志来实现服从的。这基于一个依靠内聚力而形成的群体，它是迈向有组织的社会的第一步。

这种社会内聚力也许类似于纺织物的经纱，个性的经纱并排地排列，并有序地被固定在某些物体上。在我们学校的例子中，环境就是使儿童个性的经纱固定下来的物体，在六岁后，另一种经纱开始把这些分离的经纱紧密地结合在一起，上下编织而使它们连接起来。一旦它们编织在一起，那就不再需要帮助了。所以，让我们洞察一下社会胚胎的自然进程。人们通常把社会看成是基于政府和法律之上的。儿童向我们展现：首先必须存在其意志已得到发展的个体，然后要求把他们结合起来而形成前面的组织。首先是需要意志的力量；其次是由情感而形成的内聚力；最后是由意志而形成的内聚力。

第十二章　成为蒙台梭利式教师需要什么

人们常常会对蒙台梭利方法做出一种肤浅的判断，断言这种教育方法 86
对教师的要求很少，教师要避免对儿童的干预，而让儿童去进行自己的活
动。但是，在考察教具、教具的数量以及教具呈现的顺序和细节时，教师
的任务就变得既是积极的又是复杂的。其实，并不是说，蒙台梭利式教师
是消极的，而普通教师是积极的。甚至可以说，我们所描述的所有活动都
归因于教师的积极准备和指导，她后来的"消极性"正是其成功的标志，
表明她成功地完成了任务。教师把自己负责的班级带入了这一阶段，即在
这一阶段她可以说："无论我是否在场，我的班级都能够继续进行工作。整
个集体实现了独立。"为了达到这一成功阶段，教师发展就要沿着一条正确
的道路前进。

一位普通教师不能直接转变为蒙台梭利式教师，而必须重新进行精神
革新，使自己摆脱教育学偏见。第一步就是想象力的自我准备，因为蒙台 87
梭利式教师应该预见一个还不存在的儿童，具体来讲，她必须信任将通过
工作而表现自己的儿童。不同类型的心理畸变儿童并没有动摇这种教师的

信任，她在心智领域观察不同类型的儿童，满怀信心地期待儿童在被感兴趣的工作所吸引时的自我表现。教师期待儿童表现出集中注意力的征兆。

在这种工作中，存在着三个发展阶段：

第一个发展阶段，作为环境的护卫者和看护者，教师集中关注环境这一方面，而不是关注那些问题儿童的困难，她知道解决困难的方法将来自环境本身。环境应该是对儿童有吸引力的，将使儿童的意志更加坚强。教具必须始终是形式美观的、表面光洁的和能够很好使用的，而不是残缺不全的，所以，对儿童来说，教具看上去是新的、完整无损的和随时可以使用的。作为环境的一部分，教师必须使她自己是富有吸引力的，最好是年轻漂亮的，衣着高雅，整洁芳香，快乐端庄。这是理想的教师，但并不总是能够完美地达到的。然而，在儿童面前表现她自己的教师应该记住：儿童是伟大的人，应该理解和尊重他们。她应该研究自己的动作，并使这些动作尽可能地优雅和得体，这样儿童就会不知不觉地赞美她，并把她设想成像他母亲一样完美，因为他母亲自然就是他的完美理想。

第二个发展阶段，教师应该与仍然处于混乱无序状态的儿童进行交往，把他们无目的的漫游心理吸引到某些工作上面来。教师必须是富有魅力的，能够使用任何手段和方法（当然惩罚除外）来引起儿童的注意。教师能够或多或少按自己的意愿做事，那时她还没有因为自己对儿童的干预而搞得心烦意乱（这种干预并不是很重要的），所以，在她所建议的活动中显示欢乐的表情是十分必要的。必须制止继续干扰其他同伴活动的儿童，因为这样的活动并不是自然所需要完成的活动循环。

第三个发展阶段，一旦儿童的兴趣被激发起来后，教师将退居幕后，在任何方面都必须避免干预——绝对不干预。通常，儿童的兴趣是通过一些实际生活练习而得到激发的，因为教具还没有适合其呈现的条件。教师在这里常常会犯一些错误。例如，在看到一个正在顽皮淘气的儿童时，教师讲诸如"好的"等激励的话，实际上这个儿童最后才使自己的注意力集中于一些工作。因此，这种善意的赞扬完全会对这个儿童造成伤害，他将会几个星期不再专注于工作。又如，如果儿童遇到一些困难，那教师就不应该给他展示如何去克服，否则儿童自己就没有兴趣了，因为激励他的因素恰恰是克服那些困难，而不是工作本身。当一个儿童正在提一些太重的东西时，他并不想得到帮助，甚至在看到教师观看他时，他常常会停下自己正在进行的工作。所以，一旦儿童显现出把注意力集中于自己的工作，教师就不要注意他，好像这个儿童并不存在。至少应该是，儿童完全没有意识到教师对他的注意。甚至当两个儿童都想要同一个教具时，应该让他们自己去解决问题，除非他们请求教师的帮助。教师的责任只是呈现新的教具，因为儿童可能已使用过那些旧的教具。已经把注意力集中于一些工作的儿童可能会选择一些教具演示给教师看，以获得教师的赞扬，这时教师应该毫不吝惜地和真诚地对儿童的教具演示赞扬说："多么完美啊！"在儿童很好地完成工作之后，教师应该和儿童一起欢乐。

蒙台梭利式教师并不是儿童身体的仆人，帮他洗脸、穿脱衣服和进食——她们应该知道，儿童需要自己做这些事情，以发展其独立性。我们必须帮助儿童自己行动，形成自己的意志，进行自己的思考。这就是那些渴望对儿童提供精神服务的人的技巧。教师的快乐就是欢迎儿童的精神展现，这是儿童对教师信任的回报。儿童应该成为这样的人：从来就不知疲倦的工作者，试图做出巨大努力的镇静自若的儿童，乐意尽力帮助弱者和善于尊重他人的独立性，实际上就是真正的儿童。

因此，我们的蒙台梭利式教师探究童年的秘密，具有比普通教师更多的知识，因为普通教师只是接触儿童生活的表面现象。然而，我们的教师

89

在了解儿童的秘密时，对儿童怀有深深的爱，也许第一次理解了什么是真正的爱。这种真正的爱与通过亲抚和亲吻所表现的个人之爱无疑是不同程度的爱，其不同程度是由儿童造成的，因为儿童通过自己的精神展现而深深地感动了他们的教师，把教师带到了一种她并不知道存在的程度。现在，教师达到了这个程度，并感受到幸福。之前，她的幸福也许是领取她可能得到的高薪水，尽可能少做她自己需要做的工作，为行使她自己的权力和施加影响而感到满意，她的希望是成为一位校长或督学。但是，真正的幸福并不在于这一切，一个人情愿放弃这一切而去感受儿童能够给予的更高尚的精神幸福，因为"神圣的天国就是这样"。

童年的教育

李爱萍　王晓宇　译

单中惠　校

译者前言

对童年教育的睿智思考

单中惠

　　《童年的教育》（*The Childhood Education*）是一本在世界上产生极为广泛影响的幼儿教育经典著作。这是现代意大利幼儿教育家玛丽亚·蒙台梭利（Maria Montessori, 1870—1952）后期的著作。作为她在第一所"儿童之家"创办约半个世纪之后所撰写的一本著作，蒙台梭利在本书中总结了她自己对童年教育的睿智思考。

　　作为现代幼儿教育大师，蒙台梭利始终认为，"了解儿童的需求以及给予儿童生活所必需的帮助，应该是现代教育需要解决的最根本的问题。"因此，她在本书的"导言"中明确指出："随着时间的逝去，我们更加确信儿童教育的重要性，并希望赋予我们的努力以新的生机，使'儿童之家'能够成为重建现代社会的一个有效工具，以此消除历史上所有战争给社会带来的严重伤害。"尽管人们对"蒙台梭利学校"和"蒙台梭利方法"的理解上存在着困难、矛盾和动摇，但蒙台梭利坚信在所有民族中间和世界各地都可以开办"儿童之家"。用她自己的话来说，"它就像一种正在发酵的酵母、像一颗在风中孕育的种子在世界上传播开来。"

　　在"第一部分　偏见和翳障"中，蒙台梭利首先论及了蒙台梭利方法的真正含义。她强调指出："我们必须考虑的是人的个性，而不是一种教育方法。""无论我们如何考虑人，无论在什么时代——儿童、少年、青年或成人——所有人都是从幼儿开始的。如果人的个性在人的发展的所有阶段都是一种必不可少的东西，那我们必须考虑一种涉及所有发展阶段的教育原理。"

第二，蒙台梭利强调了对儿童这个未被了解的人的研究。她认为，幼儿期就是"人的生命的极地"，但"我们必须承认，这一领域迄今为止还没有被探究。在我们现代的科学知识中，还存在着一种真空状态，一个没有被探究的范围，一个未被了解的因素——这种真空领域涉及人的个性形成的过程。""教育改革和社会改革是我们时代所需要的，其必须建立在对未被了解的人的科学研究的基础上。"然而，在对人的科学研究中存在着一个巨大的障碍，这是由于在几千年中所累积下来的那些偏见所形成的。

第三，蒙台梭利论述了教育改革的基础。她明确指出："为了保护和引导儿童的个性发展，教育必须建立在心理学的基础上。……教育的目的将服务于我们的时代，除帮助人去认识环境外，还应该使人自己去适应环境！"为此，蒙台梭利大声呼吁：在我们现今的社会，需要一种普遍的革命，使人提升他自己的价值，并成为他自己所创造的环境的主人。

第四，蒙台梭利强调了教育学必须遵从那种应用于教育的心理学（可以称之为"心理教育学"）的指导。她明确指出，新教育这个全新的科学运动宁可说是属于心理学领域的，因为"问题并不是把人从一些镣铐中解脱出来，而是去重建，这种重建要求对'人的精神科学'进行详尽的阐述"。因此，"帮助生命——这是首要的和基本的原则。"

在"第二部分 科学和教育中的偏见"中，蒙台梭利首先论述了儿童正常秩序的展现和它的障碍。她指出，尽管"儿童之家"现象引起了人们的广泛兴趣,但人们并没有探究这种现象产生的真正原因。有关记忆、纪律、秩序和心理健康等方面的偏见,实际上对理解我们的工作构成了一个很大的障碍。那是因为一种心理上和感情上的障碍使成人"完全失去了对有关天性的'童话故事'的乐趣"。

第二,蒙台梭利强调必须消除在科学和教育中对儿童的偏见。她明确指出:"在试图给予儿童自由和让儿童展现他的力量方面,最大的困难并不在于发现一种实现这些目的的教育形式,而在于克服成人在他自己心里所形成的那些偏见。……这场反对偏见的战斗就是儿童的社会问题,这个问题的解决必须伴随儿童教育的革新。"

第三,蒙台梭利借用天体起源的"星云"概念论述儿童吸收其环境的创造力。从人与动物的区别出发,她分析了儿童的功能,论述了"精神胚胎"以及"有吸收力的心理",还探讨了儿童对环境的接触和适应的问题。蒙台梭利强调指出:"为了重建这个社会,需要完成的最紧迫的任务之一就是重建教育。必须通过为儿童们提供一个适应他们生活的环境来实现这一目标。"她还指出:"儿童所拥有的伟大力量是我们成人尚未利用的。在现今的文明社会,即将发生的危险之一就是我们在教育儿童时违背自然法则,在共同偏见的错误引导下窒息和扭曲儿童的个性。"

在"第三部分 人类世界的文盲问题"中,蒙台梭利论述了文盲问题。她认为,文盲成了文明进步的最大障碍,因此,文盲问题是当代世界一个非常严重的问题,也是当代世界一个最为紧迫的问题。必须认识到:"建立一种新的社会生活准则和推翻帝王统治只需要三年时间,但向所有大众传播书面语言知识则需要一百年。"在人类历史上开创了新篇章的民众教育"是一项需要每个人都付出努力的任务,也是要交给儿童来完成的任务"。这里,蒙台梭利特别强调指出,"儿童之家"中的儿童学习阅读和书写的经验在扫除文盲的斗争中将证明是有用的。

本书是根据印度蒙台梭利培训课程主任、美国明尼苏达蒙台梭利培训中心主任朱斯坦（A. M. Joosten）的英文译本翻译的。该英文译本1949年在印度第一次出版时，书名是《人的形成》（*The Formation of Man*）。1974年，该书在美国由芝加哥的亨利·雷格尼瑞公司（Henry Regnery Company）出版时，其书名改为《童年的教育》。英文译本原没有"导言"，为方便读者阅读，中文译本把原来"第一部分：偏见和翳障"中的第一节"导言"移到最前面单独列出。

《童年的教育》一书的翻译出版，无疑能从实践和理论上对那些想探索被称为"未被了解的人"的儿童、认识儿童正常秩序的展现和它的障碍以及了解什么是"童年的教育"的幼儿教育教师和父母们提供一些指导和帮助。特别值得注意的是，蒙台梭利对文盲问题的阐述至今仍有重要而深刻的现实意义。

导 言

玛丽亚·蒙台梭利

自我们“儿童之家”的工作开始以来，已经过去了大约半个世纪。在 3
第一所“儿童之家”1907年创办之后不久，我们的儿童教育思想和活动几乎立即就传遍了全世界。由两次世界大战引起的动乱，并没有摧毁这场已经扎根于许多国家的教育运动。

随着时间的逝去，我们更加确信儿童教育的重要性，并希望赋予我们的活动以新的生机,使“儿童之家”能够成为重建现代社会的一个有效工具，以此消除历史上所有战争给社会带来的严重伤害。

我感到，自己现在仿佛正在对着一个充满力量的家庭说话，这个家庭
必须继续沿着我们已经开辟的道路前进。尽管它年轻而富有活力，但是， 4
仍然需要我们给它更多的信心和希望。

这里，我要对我们的工作方向予以简要的说明。这是因为：一方面，为什么人们会对通称为“蒙台梭利学校”（Montessori School）和“蒙台梭利方法”（Montessori Method）的理解存在如此多的困难、矛盾和疑惑？另一方面，尽管存在这些混乱和困难，但我们的学校仍在继续发展，并推广到最远的地方。在夏威夷、火奴鲁鲁（檀香山）、格陵兰岛（丹麦）、印度、非洲以及锡兰（今斯里兰卡）——确实，在所有民族中间和世界各地都可

以发现我们的学校。

这些学校可以由居住在落后农村地区的非洲人和印度人来管理吗？或者说，由最文明国家管理的这类学校就是完美的吗？对于以上问题，专家们认为，即使文明国家也没有一所学校是完美的，但所有人又都承认，蒙台梭利方法比其他的现代教育方法在世界上得到了更广泛的传播。这里的矛盾在于：如果许多只是采用蒙台梭利名称的学校而实际上办得不好，那么它们怎样在世界上得到传播呢？为什么许多国家修改本国教育法律的目的仅仅是为了阻止蒙台梭利方法在那里的应用呢？没有任何民众运动，有的仅仅是某些定期检查或是一些有组织的协会做一些协调工作，在这种情况下蒙台梭利方法又是如何传播到世界的边远地区的呢？尽管蒙台梭利方法缺少一些有利条件，但它就像一种正在发酵的酵母、像一颗在风中孕育的种子在世界上传播开来。

5 　　另一个明显存在的矛盾是：蒙台梭利方法似乎非常独特，它希望有自己的表现形式，而不与别的教育方法相混淆；但与此同时，没有一种教育方法像蒙台梭利方法那样竭尽所能将促进世界和平与团结的因素囊括其中。

所有这一切都是矛盾的——甚至是难以理解的！

现今，在教育领域中有许多重要的思潮和人物，其中，新教育联谊会（New Education Fellowship）[①]希望增进蒙台梭利方法和其他正在产生的新的教育方法之间的协调与合作。在每一个地方，这样一种有力举措的目的就是，要在努力尝试使用不同方法教育儿童的那些人中间达成一致。目前，一个普遍的倾向是要揭开蒙台梭利方法的神秘面纱，让学生和科学家们对它给

---

① 新教育联谊会，欧洲一个促进新教育运动的组织，1921年成立。从1922年起出版《新时代》杂志。1966年，新教育联谊会改名为"世界教育联谊会"。——译者注

予关注，最终采用蒙台梭利方法来改进和扩大教师的培训工作。我知道，目前许多致力于蒙台梭利方法探索的人正面临着合作上的困难。

另一个关于蒙台梭利方法的奇怪现象是：尽管蒙台梭利方法最初是针对学前教育提出的，但它现在已经渗透到小学、中学，甚至大学之中。

荷兰有五所蒙台梭利中学，由于教育效果非常不错，因此，荷兰政府不仅给这些学校提供资助，而且还认可了它们存在的合法性和独立性。在巴黎，我所见到的私立蒙台梭利中学的学生与其他法国中学的学生相比，更少因考试而惊慌，并具有更独立的个性。同时，在印度，许多人已经开始得出这样的结论：建立蒙台梭利大学是一种必然的趋势。

除了向上渗透到中学和大学外，蒙台梭利方法也得到发展并应用于三岁以下儿童的教育中。在锡兰，两岁儿童就可以进入蒙台梭利学校，家长同时也被要求进入这种学校学习半年。在英国，许多托儿所采用了蒙台梭利方法；在美国纽约，也建立了蒙台梭利托儿所。[①]

确切地说，蒙台梭利方法是一种始于初生婴儿并扩展到大学的教育方法。而其他的教育方法没有如此广泛的功能。

例如，福禄培尔（F. W. A. Froebel）[②]方法只是用于学前儿童教育；裴斯泰洛齐（J. H. Pestalozzi）[③]方法仅限于小学教育；赫尔巴特（J. F. Herbart）[④]

---

① 第二次世界大战后，在罗马建立了一个培训机构，运用蒙台梭利博士关于儿童发展关键期心理观察原则培训"婴幼儿助手"，从事助产和照料婴幼儿的工作。参见玛丽亚·蒙台梭利《有吸收力的心理》。——英文本译者注

② 福禄培尔（1782—1852），德国教育家。主要著作有《人的教育》《幼儿发展中的教育》《幼儿园教育学》等。——译者注

③ 裴斯泰洛齐（1746—1827），瑞士教育家。主要著作有《林哈德与葛笃德》《葛笃德如何教育她的孩子》《致格瑞夫斯的信》等。——译者注

④ 赫尔巴特（1776—1841），德国教育家。主要著作有《普通教育学》《教育学讲授纲要》等。——译者注

方法大多用于小学和中学教育；道尔顿制（Dalton Plan）①主要应用于中学教育，等等。当然，传统的教育方法目前已经发生了变化，但是，在某一阶段任教的教师不能教在另一阶段学习的学生，这一状况并没有改变。中学教师不会去关心小学的教育方法，也不会去关心幼儿园的教育方法。教育的每一阶段都被做了明确的划分，日益增多的教育方法总是被限于某一类学校或某一阶段的学校。

7　　　在这种情况下，设想将福禄培尔方法用于中学教育，那会被认为是荒谬可笑的。同样，设想将幼儿园的教育方法用于大学教育，那也会被认为是荒谬可笑的。

　　那么，为什么要对应用于所有教育阶段的蒙台梭利方法进行认真的讨论呢？它的含义是什么？它要达到什么目的？

　　目前，研究者也正在进行一些相关的比较研究，例如，英国护士学校与蒙台梭利学校的比较研究。为了在这两种学校之间进行比较，并找出其共同性，研究者对护士学校所使用的玩具、对待儿童的方法与蒙台梭利学校所使用的教具和方法进行了比较。在美国，研究者指出了福禄培尔幼儿园与"儿童之家"两者之间在教育上存在的许多共同点，并指出福禄培尔的"恩物"与我们的教具两者在教学中都有重要的作用，主张在教学中结合起来使用。这里仅有一些冲突的观点，例如，有关神话故事、沙子游戏、正确使用教具等问题，关于某些其他细节的更多讨论仍在进行。在一些小学里，还进行了有关教阅读、书写和计算的方法讨论。对我们在这一早期教育阶段提供几何和其他一些高级科目的主张，存在着很多的争论。关于中学的教学，也有一些不同的看法。还有一些人认为，我们没有充分强调

① 道尔顿制，美国教育家华虚朋（C. W. Washburne, 1889—1968）提出的一种教学制度，强调每个学生按自己的能力和可能的进度拟定学习计划。——译者注

游戏和某些活动的作用，而这些游戏和活动通过介绍机械和手工技巧给教学方法赋予了现代特点。十分重要的是，对这些问题应该给予更多的重视，因为蒙台梭利中学的教学大纲必须与普通中学一致，否则这些学生将不能　　8进入大学。

　　总之，我们发现自己处于困惑之中。

第一部分　偏见和翳障

一、蒙台梭利方法是什么

人们都希望用一种更为清晰的思路来了解蒙台梭利方法的真正含义。

如果我们既不考虑"方法"的名称，也不考虑"方法"的一般概念，那么事情将变得十分清晰。我们必须考虑的是人的个性（human personality），而不是一种教育方法（a method of education）。对"方法"一词来说，我们应该用这样的一些话来替代："为了人的个性而提供的帮助可以使个性获得独立"，或者"为了解放人的个性而提供的方法不同于旧的教育偏见对个性的压制"。对儿童的保护、对儿童本性的科学认识以及争取儿童权利的社会声明，必须取代那些零碎的教育方法。

"人的个性"属于整个人类，包括欧洲人、印度人以及中国人等。所以，如果某些极其重要的条件被发现是有助于人的个性的，那么这些条件就会涉及和影响到所有国家的居民。

这种"人的个性"是什么呢？它在哪里开始？一个人什么时候成为

真正的人？要弄清楚这一点，也许是困难的。根据《旧约全书》（*The Old Testament*），人是作为一个成人被创造出来的；在《新约全书》（*The New Testament*）中，出现的是童稚的耶稣。在人的发展的连续阶段中，人的个性是一种必不可少的东西。然而，无论我们如何考虑人，无论在什么时代——儿童、少年、青年或成人——所有人都是从幼儿开始的。如果人的个性在人的发展的所有阶段都是一种必不可少的东西，那么我们必须考虑一种涉及所有发展阶段的教育原理。事实上，在我们最近开设的一个蒙台梭利方法培训课程上，我们把儿童称为"人"。

9

二、未被了解的人

在这个世界上，人正是以新生儿的形式出现的，并通过创造一种真正的奇迹而得到迅速的发展。新生儿既没有语言，也没有任何其他反映人的习惯的特征。他既没有理解力和记忆力，也没有意志力，甚至没有到处行走或使自己站立的能力。然而，这个新生儿表现出一种真正的心理创造（a real psychic creation）。两岁时，他说话和行走了，也认识了他周围环境中的人和事物；到五岁时，他获得了充分的心理发展，因而能够进入学校，开始他的正规教育。

现今，科学界对从诞生到两岁的儿童的心理具有极大的兴趣。几千年来，人类因为不重视这种自然奇迹而忽视和不关心儿童——对心智的形成来说，人的个性肯定是一种奇迹。它是如何形成的？是通过什么方法、遵循什么法则形成的？

10　　如果整个宇宙是受一些固定不变的法则所支配的，那么难道人的心理会是偶然形成的而根本没有任何的法则吗？

在发展的进程中，每一件事情都经过一个复杂的演化过程。人也是如此，五岁时他已成为一个有心智的人，但在这之前他肯定经过了一个建构的进化过程。

我们必须承认，这一领域迄今为止还没有被探究。在我们现代的科学知识中，还存在着一种真空状态，一个没有被探究的范围，一个未被了解的因素——这种真空领域包含了人的个性形成的过程。

在我们已有的社会文明水平上存在着如此的无知，必定有一些不可思议的原因。一些继续存在的事情被潜意识掩盖了，被一种已形成的偏见掩饰了，要克服这种情况是困难的。为了开始对人的心理这个广泛和难解的领域进行科学的探究，我们必须克服一些有影响的障碍。我们仅仅知道，在人的心理中存在着一个谜，它还没有被我们的探究欲望所触及，就如同不久前我们还仅仅知道在南极有着一大片冰区，于是，我们进行了南极探险，一个充满惊奇和资源丰富的南极大陆出现在我们心中的地平线上。它的奇观，它的暖水湖，它的种类繁多的生物，这一切都是确信无疑存在的，并被展现出来。但是，要看到这些现实，那就应该克服一些障碍，应该穿过厚厚的冰架，应该冒着与我们不同的一种严寒气候！这同样适用于人的生命的极地——幼儿期。

对成人来说，他仿佛是来自一个未知的源头。当他发现他自己生活的不同方面时，他做出了这样的判断：成人努力去引导正处在连续发展阶段中的人类——诸如儿童、少年、青年等，但他的判断是以自己肤浅和表面的经验为根据的。作为一个愚笨的教育者，成人对外观和印象做出了判断，而没有考虑到它们产生的原因。福禄培尔把他为四岁或五岁儿童提供的教育机构称为"幼儿园"（Kindergarten），即儿童的花园，这是完全正确的。所有的学校都可以这样称呼——尤其是那些有着更好的教育模式的学校，因为它们为有利于儿童的发展和促进儿童的幸福做出了重要的努力。所有的学校都可以称为"花园"，以区别于那些仅仅是一种令人痛苦的、实施专制统治的教育机构。事实上，在那些更现代和更美好的学校里，与福禄培尔的理念一致的那些教育者的表现，就像好的园丁和栽培者对待他们的植

11

物一样。

　　然而，在那些好的栽培者后面，站着仔细探究自然秘密的科学家。他的实验使他自己获得了渊博的知识，这不仅帮助他更好地了解植物，而且能使他去改变植物。现代的栽培者已经增加花卉和果实的多样性并且改造森林，因此，我们可以说，他们改变了地球的面貌，主要从科学中而不是从通常的习惯中得到了他的方法原理。于是，那些绚丽多彩和令人惊讶的花卉，那些具有不同形式的重瓣的石竹属植物，那些华丽的兰花，那些如此芳香、没有刺而却有许多果实的大玫瑰花，以及所有已改变地球面貌的令人惊奇的事物，都是人对植物生命进行科学研究的结果。确实，科学已经提供了一种新的方法。令人难以置信的是，科学家对一种真正的"超自然"的建构所提供的推动力比我们现在称之为"原始天性"（wild nature）的推动力更加丰富和更加美好。

12

三、对人的研究

如果科学开始研究人的话，那么，它不仅成功地为儿童和青少年教育提供了新的方法，而且会进一步引导我们对人类和社会的许多现象的深刻理解。然而，这些现象至今对我们来说仍是模糊不清的。

教育改革和社会改革是我们时代所需要的，其必须建立在对未被了解的人的科学研究的基础上。

然而，正如我们已指出的，在对人的科学研究中存在着一个巨大的障碍。这个障碍是由于在几千年中所累积下来的那些偏见所形成的，并变得如此顽固和有影响，几乎就像冰川一样难以接近。所以，需要一种勇敢无畏的探究，需要一场反对有害环境的战斗，为此那些诸如观察和实验的普通的科学武器并不能满足其需要。

这种有关人的精神和心理的研究已发展成一种学术运动，并从20世纪初开始得到了传播，尤其是对潜意识的发现是富有成效的，它首先是与一些因心理疾病而遭受痛苦的成人联系起来，然后扩展到一些被认为正常的成人。目前，儿童心理学已开始引起心理学领域的学者的兴趣。作为这些研究的一个结果，所取得的结论是：几乎所有现今活在世上的人在他们的心理特性上都有一些缺陷。统计数字无可辩驳地表明，精神疾病患者和心理病态的罪犯人数正在增加。它也表明，"问题儿童"（problem children）

13

的人数也在增加，青少年犯罪的现象也在增多，这对人类的伤害是令人深思的。显然，由我们的文明而形成的社会环境产生了一些影响人的正常发展的障碍。

与想到通过体育卫生学来保护身体相比，我们的文明还没有想出保护精神的方法。当我们现今支配和利用地球的物质财富以及它的能源时，还没有考虑过最大的能量是通过人的心智表现出来的。当隐藏的自然潜力得到探究并被最大限度地利用时，人的潜意识的深渊还没有被审视过。作为一个精神个体，人已被外界环境所主宰，正在成为他自己的建构过程的一个破坏者。

所以，沿着一条独特的道路去考虑一个关于人类建构自身的广泛运动是可能的。其主要目的是帮助人保持他的均衡发展和心理健康，以及在我们外部世界的现有条件下确立一个可靠的方向。这个运动并不限于任何一个国家，也不限于任何特别的政治倾向，因为它的目的在于简明地认识到人的价值，也就是说，它的根本利益是高于政治或国家的差异的。

14 　　由于我们在谈论新的运动的目的时对旧学校的概念论述得还不十分清楚，因此，在那些旧学校里，教学继续采用了与我们完全不同的方法。

现在，教育已成为一种全社会和全人类的活动，并引起了所有人的兴趣。为了保护和引导儿童的个性发展，教育必须建立在心理学基础上。进一步讲，教育必须进行变革以便清楚地理解我们的文明，因此，反对环境的混乱以保护个性就能使一个人意识到他在历史中的真实地位。很清楚，一个随意起草的教学大纲或课程计划并不能保证我们今天所需要的文化。一个教学大纲是需要的，因为它能提供一种对现代社会中人的环境的理解，并与对历史的睿智判断和人的生命进化联系起来。教育的目的将服务于我们的时代，除帮助人去认识环境外，还应该使人去适应环境！

最后，那些教育问题必须在宇宙秩序的法则基础上得到解决。这些法则包括从正在支配人的发展的心理建构法则到引导正在变化的社会发展的法则。

尊重这些宇宙秩序法则是十分重要的。只有当我们坚持把这些法则作为基本的法则时，我们才能认识和修改众多的人类法则，而这些人类法则恰恰是与物质社会的构建有关的。

四、我们社会的现状

15 　　毋庸置疑，在人类环境令人惊叹的进步和人类自身发展中所遭受的障碍之间确实缺乏平衡。每一个人都知道，人在适应他的环境时遇到了很多困难，在这个过程中他受到了伤害并影响其发展。我们可以把外界的进步力量与一个强大国家侵犯并打垮一个弱小国家的力量作一比较，发现在一些野蛮的战争中所发生的总是被征服者成为被奴役者。

　　今天，人类是被他自己的环境所征服和奴役的，因为人类与环境相比仍然是弱小的。

　　这种屈服正在迅速地增长，并表现为一定的形式。这种形式过去在强大的胜利者与弱小的失败者之间的斗争中从未出现过。过去，人的无助从未达到我们今天所目睹的最高程度。

　　难道我们没有看到任何更长时间的保证吗？储户在银行里所存的钱可能以各种方式突然无法弥补地失去了，也许他应该试图把这笔钱藏在一些秘密的地方，就像在中世纪所做的一样，它可能失去它的价值或从流通中收回。一个国家的钱不会被拿到另一个国家去。现在，甚至一个富裕的人也不可能到他所选择的那个国家去生活，因为他不能带着钱或珠宝越过边境。在边防站存在着被检查的危险，人们要脱掉衣服接受检查，仿佛他们的财产是偷窃来的。最初他们希望拥有一种保护，现在却让一件令人讨厌的事情代替了，那就是一个人只有带着护照才能旅行，甚至在自己的国家里，尤其在战争中，一个人被要求带着贴有他的照片和印有他的指纹的身份证。从前，这样的事情甚至在罪犯身上都没有强制发生。但对我们来说它已经发生了，被允许购买的仅仅是生活最必需的东西，并依据定时分配的赠券去购买食物。这样的事情以前没有听说过，除非在行乞的情况下。

现今，没有一个人的生活是安全可靠的。一场荒谬的战争可以表明，所有人——年轻人和老年人、妇女和儿童——都处在极大的危险之中。平民百姓受到了伤害，人们要躲在地下掩体里，就像远古时代的人躲在山洞里以保护他们自己免受野兽的伤害。难道我们没有看到，穿着破旧衣服甚至裸体的人们对于死亡已变得麻木起来，他们的家庭骨肉分离和颠沛流离，儿童也遭受遗弃并游离在放荡的人群之中吗？

我们看到，这种情况不仅在那些战争的被征服者中间存在，而且在每一个地方都存在。人性本身被征服和奴役了，但为什么被征服和被奴役呢？因为所有的胜利者和被征服者——所有人都是奴隶，都是不安全的、受惊吓的、猜疑的和有敌意的，不得不通过暗中监视和掠夺的方法来保护他们自己，把运用和鼓励不道德的行为作为一种保护手段。在人们已改变的眼光中，欺骗和抢劫似乎已被考虑为一种生存的方法，一些约束的规则已根本不起什么作用。卑鄙的行为、卖淫和暴力已成为十分普遍的生活模式。以前为人类社会所尊敬的精神和智慧的价值失去了它们的指导意义。学习变成了一件枯燥无味和令人厌烦的事情，对社会进步没有任何影响。把学习仅仅理解为获得一份工作的一种手段，这种观点本身是不确定和不可靠的。

尽管人性给予人们的深刻印象是不可名状的屈从，但它形成了老一套

16

17

的合唱，大声唱道它是自由的和独立的。这些痛苦的卑微的人声称他们自己拥有至高无上的权威。这些不幸的人期待什么呢？他们追求自己的最大利益,他们称之为"民主",即人们可以获得关于他们如何被统治的观点——他们可以在选举时投票。多么出乎意料啊！去选择自己的统治者！但是，那些统治者并不能使人们去除自己的枷锁，给他们提供的所有活动和公民创制权①是无用的，他们也不能得到帮助以挽救自己。

所有人的主人是一个使人难以理解的实体。暴君像神一样是十分强大的。这就是压制人和摧残人的环境。

前几天，在一个使用机械设备的大面包烘房里，正在工作的一位年轻面包师傅的手不小心被卷进了轮子间，于是他的整个身体被拖了进去并被轧成了肉酱。这难道不是这种环境的一个象征吗？在这种环境中，人变得衰弱无力，不知不觉地成了命运的牺牲品。这种环境可以比作巨大的机器，它能生产数量惊人的食品，也能诱使工人表现出粗心和鲁莽的性格，这是越来越受到支配和压制的性格。这里，我们看到在人与他的环境之间缺乏平衡的一个方面，因此，人的个性解放必须通过增强自己的应变能力、提高自己的价值、治愈自己的愚蠢以及意识到自己的力量来实现。

人必须聚集自己的全部价值和能量；人必须发展它们，并使它们为自己的解放做好准备。这不是相互争斗的时代，也不是试图相互征服的时代。我们必须认识到，人要独自努力使自己得到提升，使自己解除无益的镣铐。这种镣铐是他为自己所造的，使他趋于精神紊乱的深渊。真正的敌人是人缺乏进行自我创造的能力，它是人性本身发展的阻碍。为了战胜这个敌人，人唯一需要做的就是去适应环境并用不同的方法使环境运转正常，这种环

① 创制权，即公民立法提案权。——译者注

境本身是财富和幸福的一个源泉。我们需要一种普遍的革命。这种革命仅仅要求人应该提升他自己的价值，并成为他自己所创造的环境的主人，而不是这种环境的牺牲品。

五、新教育的任务

也许看起来，我们已远离了我们最初的问题——教育，然而，这一离题却开创了新的道路，我们现在应该沿着这条道路前进。同样，我们在医院里帮助病人治愈他的身体疾病而使他能继续生活下去，所以，我们现在必须帮助人的个性解放。我们必须成为如世界本身那样广阔的一所医院里的护士。

我们必须认识到，我们所讨论的这个问题并不限于今天所构想的学校，也不涉及多少有点实际的或多少有点哲学的教育方法。

教育不是通过提供保护和提升人的个性的道路而有助于人的普遍解放的运动，就像一个由于在机体的进化中不再被使用而失去其效力的器官一样。

我们早已指出，在我们的时代，有一个全新的科学运动已结出了一些硕果，尽管它们现在是不系统的并被到处传播——但在不久的将来，它们肯定会使自己趋于统一。

然而，这个全新的科学运动实际上并不是教育的一部分，我们宁可说它是属于心理学领域的。甚至在心理学中，它并不是从一种教育刺激中出现——为了教育人而去了解它——而宁可说是受到减轻人类特别是成人的痛苦和反常的愿望的刺激。所以，这种新的心理学是源于医学领域的，而不是源于教育领域的。这种关于不健全的人性的心理学也把它的注意力转向似乎是焦虑和不幸的儿童，它发现儿童的活力是受到压抑的并偏离了正常发展的道路。

无论如何，这就是正在开展的科学运动，其目的是建立一些屏障以防止正在不断蔓延的不幸，同时提出一些建议以治疗人的那种紊乱而困惑的心灵。教育必须使它自己加入到这个科学运动中去。

相信我，所谓现代教育的那些尝试并没有走在正确的道路上，它只不过尝试把儿童从所假定的压制下解放出来。让儿童做他们自己喜欢做的事情，使他们对轻巧的工作感兴趣，引导他们回到一种几乎无秩序的状态，并不能解决这个问题。问题并不是把人从一些镣铐中解脱出来，而是去重建，这种重建要求对"人的精神科学"进行详尽的阐述。它是一个需要耐心的工作、一种需要建立在研究基础上的实践，成千上万的人为这个目的而努力肯定会极大地有助于它的实现。 20

这个领域中任何人的工作必须受到一种伟大理想的激励，这种理想比那些已促进社会改善的政治理想更加伟大，因为后者仅仅考虑到一些团体的人因不公正或苦难而受到压制的物质生活。这种理想就其范围来讲是全世界的，它的目的在于解放整个人性。我重申，更多有耐心的工作需要沿着这条道路走向人类的自由和"安宁"。

看一看其他科学领域中发生了什么！多少人在封闭的实验室里工作，通过显微镜观察细胞去发现生命的奇迹！多少人在化学实验室里度过他们的一生，通过实验反应去发现物质的奥秘！多少人正在为使宇宙的能量分离而工作，以便获得它们和利用它们！这些人就是已促进文明进步的无数有耐心的、真诚的创造者。

所以，对人本身来说，有一些同样的事情要做。然而，这个理想和

童年的教育

所追求的目的对所有人来说是共同的。对它的认识肯定会提到《圣经》中对人所说的那段话："Specie tua et pulchritudine tua et intende, Prospere Procede et regna！"[①]我们可以把它译成："理解你自己和你的美丽，在你的环境中顺利地前进，创造丰富多彩和充满奇迹的生活，并拥有它！"

现在，你可以说："是的，所有这一切都是非常美丽和迷人的，但你同时并没有看到在我们周围的每一个地方儿童是怎样成长的，以及年幼儿童是怎样成为成人的？同时，我们不能等待任何的科学阐述，因为人类将受到损害。"

我将回答说："完成整个研究工作，那并不是必要的。必要的是，充分理解这种思想，并在它的指引下进行这项工作。"

同时，有一件事情是清楚的：教育学正如过去一样肯定没有得到一些哲学家和慈善家所提出的思想的指导，以及一些受到虔敬、同情或博爱所激励的个人的指导。教育学必须遵从那种应用于教育的心理学的指导，对这种心理学应该马上给予一个独特的名称——"心理教育学"（Psychopedagogy）。

在这个领域中，还应该有许多发现。无疑，如果人仍然受到压抑和未被了解的话，那么，人的解放将提供一些令人惊讶的成就。

教育必须沿着由这些成就所照亮的那条道路前进，正如公共医学是建立在自然界的医药力量（即事实上已有的医疗力量）的基础上的，也正如卫生学是建立在身体的自然功能的基础上的。

帮助生命——这是首要的和基本的原则。

那么，谁能根据儿童自己的而不是成人已有的心理发展去展现那条自

_____

① 此段话为拉丁文。——译者注

然道路呢？儿童能处于允许他这样做的环境中吗？

所以，我们的第一位教师将是儿童自己，或者宁可说是与无意识地引导他与宇宙法则在一起的生命力。这种生命力并不是我们通常所说的儿童意志，而是指导他形成的那种神秘的意志——这肯定是我们的向导。

我可以肯定地说，儿童得以展现自己并不会那么困难，真正的困难在于成人对儿童的传统偏见。这种传统偏见在于缺乏对儿童的理解并作为一种专横的教育形式的借口，它仅仅是建立在成人的推理基础上的，更多是建立在成人无意识的自我中心和作为一个支配者的傲慢基础上的，进而被编织成美丽的谎言，因此，儿童那聪明天性的价值被隐藏起来了。

我们的贡献是很小的且并不完善的，但是，那些正在科学的心理学领域从事研究工作的人的观点是有意义的——它将用来正确地说明这个巨大的偏见障碍，因为这种偏见会抵消和破坏我们的孤立经验所做的贡献。我们早就谈到普遍消除这种传统偏见的重要意义，但我们仅仅成功地证明了这些传统偏见的存在。

第二部分 科学和教育中的偏见

一、儿童正常秩序的展现和它的障碍

展现与障碍

25 让我们很好地记住，我们的研究是如何开始的。大约在40年前，一群四岁儿童展现了一种意想不到的现象，引起了人们极大的惊讶。这种现象我们称之为"书写爆发"（the explosion into writing）。一些儿童自发地开始书写，他们的例子马上被一些同伴所模仿。活动和热情真的爆发了。那些年幼儿童拿着字母表，排成一个凯旋的队伍并大声兴奋地欢呼。他们继续书写，没有任何疲劳或厌烦的迹象。他们用随意的书写涂满了地板和墙壁。他们的进步确实是惊人的。不久以后，他们自己开始阅读各种书写体——草写体、印刷体、小写和大写字母，甚至专门的美术体和哥特体①。

26 现在，让我们先审视一下这第一次的展现。显然，它是一次心理特性

————————

① 哥特字体，中世纪北欧国家流行的字体。——译者注

的展现，当时足以引起世人的注意，因为它是一种奇迹。

那么，人们的反应，尤其是当时科学家们的反应是什么呢？

这种惊人的书写并没有被归因于一种心理现象，而是被归因于一种"教育方法"。

书写和天性并不能联系起来。一般地说，书写在学校中是一种费力的和令人厌烦的事情。它引起儿童有关枯燥无味的努力、痛苦的经历以及遭受惩罚的回忆。它使我们想起一种所有受教育的人都承受过的痛苦。所以，在这样一种早熟的年龄，那种成功地获得如此辉煌结果的教育方法确实是不可思议的。在关注这种教育方法时产生的好奇心证明，我们终于发现了一种迅速地克服文盲的方法，文盲现在或多或少还存在于一些文明国家中。

当一些来自美国的大学教授亲自到我这里来学习这种教育方法时，除字母表外，我并不能展示其他任何教具。这些字母是能够被触摸并能到处摆放的实物，它们的体积也有点大。

对此，其中有些教授有点不高兴，感到我与他们开了个玩笑。在崇高的科学界，据说所有这一切都是认真的。说到奇迹，那是一种难解的神秘事情。当我们的教育方法后来逐渐变得众所周知时，我们用一些能够买到的实物来代替书本。当时确实存在着一种担心，担心它与一些以获利为目的的事情混淆起来。一种自尊心阻碍了那些著名人士对这些现象的注意，然而，这些现象是与心理特征的一种未知因素联系在一起的。因此，在对儿童认识的道路上就竖立着一个障碍——一个在有启发的经验与那些借助于自己文化知识的人之间出现的不可克服的障碍，实际上那些人应该能阐释和利用这种经验。

让我们谈论一下其他形式的偏见。

27

童年的教育

那些年幼儿童不断地书写而没有丝毫的疲劳，这是成千上万的人能够亲眼看到的一个事实。许多人使他们自己相信，字母表仅仅是摆放在环境中，每一个字母都是分离的，也没有一位教师尽力去教儿童书写。显然，儿童是依靠他们自己去实现书写的。由此，一些人开始想，整个秘密在于把字母表的字母分离的方法，把它们作为一些可移动的实物来应用。一个多么愚蠢的天才发现啊！他们中的不少人遗憾地表示疑惑："为什么，为什么我自己没有想到它呢？"但是，有些人大胆地说："这根本不是一个发现。古代的昆体良（Quintilian）①早已使用过这样的活动字母。"所以，虽然我希望自己装作一个发明者和一个天才，但我将会被揭穿。

28   然而，人们好奇地注意到，这样一种广泛蔓延的心智迟钝在应用到一种外部物体之后就突然消失了，人们可以说其没有能够进一步考虑一些与儿童有关的新的心理现象。确实，这涉及所有人（既包括受过教育的人，也包括没有受过教育的人）都有的一种心理障碍。

事情如此简单地表现出来，如果在历史上昆体良的活动字母仍被记住的话，那么，由它引起的那些反应同样也应该被记住。难道那些兴高采烈的儿童会列队行进在罗马的街道上，欣喜若狂地举着写有字母的旗帜吗？难道那些通过他们自己而魔术般学习的儿童会用书写文字涂满街道和房屋的墙壁吗？难道所有儿童都通过他们自己而学会阅读，不仅认识罗马的笔迹，也认识希腊的笔迹吗？历史肯定会记录印象如此深刻的事情，但这种事情显然没有发生，因为只有活动字母被记住了。魔术并不在于这些人，而在于儿童心理学。当时，没有人会承认这一点。那种偏见阻碍他们"相信这件令人惊讶的事情"，唯恐对这件事情轻信。那些人希望维持他们的尊

---

① 昆体良（约35—95），古罗马教育家和演说家。主要著作有《雄辩术原理》。——译者注

严和文化自尊，当然所有人都会如此。掩藏"新的"发现和提出一种无用的发现就是障碍之一。

确实，一种发现必须包括一些新的东西。对那些具有勇气这样做的人来说，这个新奇的要素就是一扇打开的门。那是一扇接近迄今为止还没有被探究过的领域的门。所以，它是一扇奇异的和令人惊讶的门，应该激发起人们的想象。实际上，那些具有很高文化修养的人从逻辑上讲，应该成为这些领域的探究者。然而，一种心理上和感情上的障碍竖立在这些认真的人的道路上，使他们完全失去了对有关天性的"童话故事"的乐趣。要发现例外的情况，那是极其偶然的。"著名盛宴"这个永恒的事实早在《福音书》（the Gospel）中就用象征性的手法进行了描述，意指一定程度的"天真"和"贫乏"对进入新的王国来说是必需的。

作为这种障碍的一个例子，我们可以引用沃尔弗（C. F. Wolff）①所遭受的命运来加以说明。他第一个发现从一个胚胎细胞到胚胎、最后到小鸡孵化出来的发育过程。他的发现在当时遭到了其他所有科学家的一致反对，他们卷入了在微生物和小卵之间的争论。由于一些哲学理论而形成的偏见，这些科学家不承认由沃尔弗这位年轻的发现者在他的《发生论》（Theoria Generationis）中所提出的事实材料。沃尔弗只得离开他的国家，并死于异国他乡。仅仅在50年之后，另一位科学家贝尔（K. E. von Baer）②又重复了沃尔弗的研究，所有的证据充分证明他和他的前辈的发现，于是诞生了新的胚胎学。

但是，应该注意到，这种认识涉及一种与胚胎相关的发现。在儿童问

---

① 沃尔弗（1733—1794），德国胚胎学家。哈勒大学博士。1767年移居俄国。——译者注

② 贝尔（1792—1876），爱沙尼亚胚胎学家，以及地理学、人种学和自然人类学的先驱。——译者注

题上，堆积了太多的偏见和太多的既得利益。我要指出，首要的是对保护儿童不受"智力成就""过早的智力活动"等观念的伤害，这些观念会影响他们认知世界的能力和认知世界的兴趣。在每个人的眼中，儿童是一个一无所有的生物，仅仅适宜于游戏玩耍、睡觉以及用"童话故事"打发时间。由这样的年幼儿童进行认真的心智工作看起来是开玩笑的，在夏洛特·比勒（Charlotte Bühler）[①]的一些著作出版之后人们更是如此认为。她是著名的维也纳心理学家卡尔·比勒（Karl Bühler）[②]的夫人，是实验心理学的一位杰出代表。夏洛特·比勒得出结论，五岁前的儿童的心理官能对任何的文化形式都是不可接受的，因此，一种以科学名义装饰的墓碑已摆放在我们的实验上面。

我们在幼儿中观察到的那些现象都是一种"教育方法"的结果，而且是不确定的并容易引起争论。于是，批评的攻击开始了。讨论涉及上述所有的问题，例如，不应该牺牲儿童的心理生活来得到一些后来很少有用的东西，所有人在六岁后都能学习阅读和书写，每一个人都知道努力和牺牲的代价，我们必须把儿童早期的一些时间给予智力学习的艰苦工作。著名的教育家克拉帕雷德（E. Claparède）[③]代表新教育联谊会宣称，所有对小学生的伤害都是通过学校中的学习进行的。他的论点似乎是这样的："我们的文明社会确实要求把学习作为一种需要，但如果它对儿童有伤害的话，那么，我们必须试图去减少这种伤害！"所以，那些新学校尝试逐步地从课程中删除一些看来并不是必要的科目，诸如几何、文法以及数学的大部分，

30

31

---

① 夏洛特·比勒（1893—1974），德国心理学家。主要著作有《童话与儿童的想象》（1918）等。——译者注

② 卡尔·比勒（1879—1963），德国精神病学家、心理学家。——译者注

③ 克拉帕雷德（1873—1940），瑞士心理学家和教育家。——译者注

而以增加游戏和户外活动来替代。

啊！官方教育界却忽视我们的工作！此外，向我们学习的那些教师开始时多半是在福禄培尔幼儿园中从事教育工作的人，于是福禄培尔的"恩物"与我们用于儿童心理发展的科学的教具联系了起来，所得出的结论是两者都包含一些好的方面，但字母表、书写和数学不应该介绍给非常年幼的儿童。

于是，一些小学教师试图进行应用字母表的试验，但是，学生既没有被激起热情，也没有引起"书写爆发"。唯一发生的事情是，普通学校采用了一种更加自由的学习形式，提供了个人学习模式和教具。

这个"奇迹"受到了公开的漠视，并没有成功地引起现代心理学界的兴趣。因此，它促使我去研究这个实验所展现的儿童心理学的秘密。没有人会比我更好地把这些真正的事实从任何能唤起它们的教育影响中"分离"出来。这些事实对我来说是清楚的，那就是儿童所特有的一些"能力"在那个年龄阶段已确实存在并明显展现出来。

虽然我们的实验限于这一部分早期儿童，但这种现象将是有关儿童心理能量的一种发现，而这些心理能量迄今为止仍被隐藏着。

当加尔瓦尼（L. Galvani）①看到死去的和被剥去皮的青蛙被缚在窗栏杆上时，青蛙晃动它的腿，它看起来会是一个奇迹或者也许是一种很奇怪的事情吗？如果加尔瓦尼认为他目睹了一个"复活的奇迹"或一个错觉，那么，他的智力将不会坚持怀疑它的产生，也不会比以往任何时候顺从它的冲动去调查这件事情。他推理道："如果死去的青蛙能晃动它的腿的话，那肯定是有一种力量使它这样做。"因此，他发现了静电。电学的发展以及它

32

---

① 加尔瓦尼（1737—1798），意大利医师。——译者注

的远距离应用正是基于这种正在展现的现象。

如果有人为了证明它而重做这个实验，那么，这个奇迹可能是从未得到过的，整个事情会被认为是一种幻觉，根本不值得进入科学领域。

以前的发现

我们的儿童并不是最早展现通常被隐藏的心理能量的人，然而，他们是这样做的最年幼的人。以前，同样的展现是由七岁以上的儿童提供的。事实上，教育历史给我提供了一所创造"奇迹"的学校，这所设在斯坦茨的学校①是由瑞士教育家裴斯泰洛齐所领导的。突然，他的校园仿佛被一种意料之外的进步氛围所包围。那些儿童所做的一些事情被认为超出了他们的年龄。一些儿童在数学上取得了非常大的进步，当他们的父母把他们从裴斯泰洛齐的教育机构中领回去时唯恐他们会因心智劳累而受到伤害。裴斯泰洛齐在描述这些儿童自发的和不倦的工作以及随之而来的惊人的进步时，对这种现象做了一个坦率的供认，他并没有为这种惊人的现象做过什么事情。他说："我仅仅是一个感到惊讶的旁观者。"

于是，激情迸发完后，在裴斯泰洛齐那仁慈和深情的关爱之下，每一件事情都恢复正常。了解对他表示赞赏的那些人（尤其在瑞士为他感到骄傲和关心这所学校的人）的观点是有趣的。他们所有人都这样认为，斯坦茨的现象属于他们的英雄的一个狂热时期，他们为他能恢复到"认真地工作"而感到欣喜。

因此，教育学是通过专注于心理特性的展现而获得它的成就的。

---

① 指斯坦茨孤儿院，瑞士教育家裴斯泰洛齐1799年于下瓦尔登半州首府斯坦茨创办的一个儿童教育机构，招收战争中的孤儿。——译者注

托尔斯泰（Tolstoy）①也描述过关于农民儿童的一些同样的事情，他带着热情和慈爱在雅斯纳亚·波良纳②的学校里进行教育活动。突然，这些儿童开始高兴地阅读《圣经》。他们早晨比往常时间更早一些进校独自阅读，没有任何疲劳的迹象。他们表现出以前从未有过的欣喜心情。于是，托尔斯泰也目睹了一种"恢复正常"。

有多少相似的事情我们并不了解，这些事情肯定发生在儿童的生活之中，但并未被人们所觉察，因而在教育历史上也没有被记录下来。

童年的心理形式

所以，有一种内在力量，其特性倾向于表现它自己，但在普遍的偏见之下被掩藏起来。有一种童年所特有的**心理形式**，但从未被清楚地认识到。

它实际上是一种"心理形式"，并不仅仅表现为书写爆发的现象。在圣洛伦佐的第一所"儿童之家"的儿童中间，曾展现过这种心理形式。

当我们告诉儿童们一个很长的单词甚至让他们听一个自己并不知晓的外语单词时，他们能够根据语音运用那些活动字母来拼写他们刚刚听到的词。所有阅读过我的著作的人都了解这些现象。③例如，我们听写一些词，诸如Darmstadt，Sanglaccato di Novi Bazar，Precipitevo lissimevolmente等。④

是什么使儿童在自己心里牢记这些复杂的词，因而他们看似已经肯定记住了它们，仿佛它们已经刻在儿童的记忆中呢？最令人惊讶的事情是儿童们的镇静和坦率，好像他们并没有作任何的努力。必须记住，他们**没有**

34

---

① 托尔斯泰（1828—1910），俄国作家、教育家。——译者注

② 雅斯纳亚·波良纳，托尔斯泰的故乡，在莫斯科附近。1859年，托尔斯泰在那里创办了学校。——译者注

③ 参见玛丽亚·蒙台梭利：《儿童的发现》（*The Discovery of the Child*）。——著者注

④ 这些词为拉丁文。——译者注

书写——他们在字母盒的不同分隔格里发现了每一个字母。一个儿童努力寻找每一个字母的分隔格（那是不容易的），然后他从中取出那个字母，把它放在其他字母的旁边，以便组成那个词。这种做法会分散我们每个人的注意力。

这使从事普通教育的教学法专家感到惊讶，尤其是因为在一些小学里听写是以困难而著称的。我们所有人都了解到,在儿童书写每一个词的时候，一位好的教师必须重复说这个词，甚至对八岁或八岁以上的儿童来说也是如此。其之所以这样做的理由是，儿童忘记他正在书写的东西。那也是为什么首先给予儿童的词只是简短的和熟悉的词的理由。

这里，让我们回忆一下学校督学迪多纳托（Di Donato）的著名轶事。有一次，他到我们学校里来视导，脸上带着一种可以说有点严肃的表情，就如一个人准备反对有可能存在的欺骗一样。他并不希望儿童听写冗长而困难的词，因为其中可能隐藏着一些欺骗。他仅仅要一个四岁儿童听写他的名字"Di Donato"。这个儿童显然没有很好地听清和理解他的发音，开始写成"Ditonato"，把第三个字母写成一个"t"。这位督学相信他的教育方法，马上通过更清楚地重说他的名字予以纠正。这个儿童并没有混淆起来。很清楚，对他来说，那并不是一个正确或错误的事情，而仅仅是没有完全听清楚。他拿起"t"并把它放回字母盒的分隔格里，这个字母盒就在他的桌子边上。他镇静地想着这个名字，当他即将结束思考时，他拿起被丢弃的"t"并使用它。所以，整个名字在他心里留下了印象，中断并没有产生任何困难。从一开始，他就知道需要一个"t"来组成这个名字，这给那位督学留下了非常深刻的印象。督学感叹地说："这个错误是真理存在的最有力的证明。我承认，我原来并不相信这个令人惊讶的事实，但我现在信服了。我必须说，它是难以置信的，但却是真实的！"于是，他没有去赞美那个记得去纠正的儿童，却转向我说："祝贺您。它确实是一种非凡的方法，我们必须在我们的学校里使用它。"对一位教学法专家来说，难道他不清楚这个问题仅仅是一个有关更好的或更坏的"方法"问题吗？这个心理学现象仍然和他无关。对理解这个现象的教育者来说，偏见的障碍是使这个现象成为可能的原因。当那位督学离开学校时，他还在考虑自己所见到的事实并评论说："甚至连一个九岁儿童也不能这样做。"后来，他在给我的来信中充满了赞美之词！

然而，这件小事情仅仅表明了一个关于记忆的事实，还不能表明年龄更小的儿童与年龄更大的儿童在记忆方式上的不同。更年幼的儿童的记忆力肯定比五岁儿童更弱！

不过，在年幼儿童的记忆中什么是特有的呢？显然，从所有细节来讲，词是刻在年幼儿童的记忆中的。由音节构成的词以及它们的正确连接在他心里仍是完整的——没有东西能抹掉它们。年幼儿童的记忆具有一种与年龄更大的儿童不同的特点。这种记忆在年幼儿童心里产生了一种视觉，他们确实产生了这种清晰和固定的视觉。

记忆

那么，有没有可能存在一种与我们有意识的心理发展不同的记忆呢？

我们时代的一些心理学家在谈到一种无意识记忆的方式时，认为这种记忆方式所保持的固定的想象甚至在经过几代人之后仍详细地重演种族的特性。他们给予它一个特有的名称——"记忆"。记忆具有无限性，渗透到现在和过去的每一件事情中，同时已经确定的是，认识到在四岁儿童的心里有一个心理发展阶段是容易的。在这个心理发展阶段中，记忆依赖于有意识记忆的开始，几乎是与有意识记忆结合在一起的，但它本身又表现为

36

一种具有很深根基的现象的最后痕迹。

37   那种记忆的最后痕迹是具有悠久历史的。它与语言的创造力连接起来了。母语作为一个与有意识心理不同的过程的结果，早在无意识的情况下就形成了。母语是在一个人的个性作为一种极其重要的特性的过程中固定下来的。它不同于外语，因为外语要求有意识记忆的帮助——它们总是不完善的，只有通过不断的实践才能记住。

那些活动字母清楚地表现了一些对在儿童心理中固定下来的语音具有意义的实物，它们用一种明确的形式把儿童的语言带入了外部世界。儿童在书写上表现出来的兴趣来自内部。一种有创造力的敏感性是更为强烈的，仿佛生来就注定要关注人的口头语言，正是由于这种敏感性而产生了对字母表的热情。

意大利文的字母表仅有21个字母表达语音——无数的字词甚至在一本大词典里也不能全部包含进去，但都能用这21个字母构成。所以，这个字母表有效地再现了儿童在他的发展中所积累下来的字词。它有效地（几乎是突然地）引起这种被积累下来的语言的爆发，儿童十分欣喜地经历了这一奇迹。

纪律

让我们审视另一种偏见，这种偏见对理解我们的工作构成了一个很大的障碍。

38   尽量让儿童自由选择他们的工作而不阻碍他们继续进行练习，只要他们有兴趣的话就可以尽可能地一直进行下去。但是，有一个与"纪律"有关的问题出现了，涉及由那些有秩序的安静的年幼儿童所表现出的令人惊讶的现象。

甚至当教师不在的时候，儿童们也能够保持这个有秩序的和遵守纪律的习惯。这个共同的习惯以它的群体和谐及个性特点而著称，不仅没有表现出任何妒忌或竞争的迹象，而且引导他们相互帮助并唤起赞美。儿童们"喜欢安静"，并把它作为欣喜的一个真正源泉来追求。

服从渐渐地发展到一个完美的高度，最后达到"服从与欣喜一起产生"的阶段。我可以说，这时存在着一种服从的"渴望"，它也许提醒我们这种服从的"渴望"就如宗教团体的成员所表现的那样。

对教师而言，不需要什么活动去获得这一奇怪现象。换句话说，它不是教育的一个直接的结果，因为不存在教学，不存在训诫，既没有奖励，也没有惩罚，但是，每一件事情都自发地发生了。

然而，这一与众不同的现象肯定是有一些原因的，也肯定是受到一些影响而产生的。当那些人要求我对此提供一种解释时，我只能回答说："是自由产生了这一现象。"正如我在回答书写爆发时所说的"那是活动的字母表"一样。

我记得，政府的一位部长对自发性行为的特点并没有考虑很多，但他有一次对我说："您已解决了一个重要问题。您在纪律和自由的结合上取得了成功——这不仅是一个涉及学校管理的问题，而且是一个涉及国家管理的问题。"

显然，假如是这样的话，那么，这种暗示使我被理解为具有获得这样的结果的能力。但是，我只是解决了一个问题。人们的心态还不能相信这样的一种观点：童年的天性能为我们成人不能解决的问题提供一种解决方法。我们心里仅仅把儿童作为一个对照而与所构想的东西得到了融合。

面对这样的现象，正确的说法应该是："让我研究这些现象，让我们一起工作以便探究人的心理秘密。"从儿童心灵的深处，我们能获得一些对

39

我们所有人来说是新的和有用的东西，一些线索将会阐明有关人的行为习惯难以理解的原因。但是，要所有人都这样理解是不可能的。

记录一些哲学家和教育家甚至公众从各方面发表的见解和批评，那将是令人感兴趣的。

一些人说："你竟不了解你已实现了什么！你竟不知道你已进行的这项伟大工作！"另一些人惊叹地说："你如何能对人的天性如此乐观？"仿佛 40 我对这些现象的描述是一些富于想象力的谎言或者是我所臆想的一些事情。然而，真正的战斗并没有停止，还在继续进行，一些哲学家和许多宗教人士把我的观点归因于好几百人已目睹的那些事实。在一些人看来，我是卢梭（J. J. Rousseau）①的一个追随者。显然，我完全赞成他的观点："出自造物主之手的东西都是好的，而一到了人的手里就全变坏了。"②正如卢梭在他的一本著作中所写的，在我的学校里所发生的事情被假定是一种传奇性故事。

在与我进行讨论时，情况完全一样，我没有得到反对者的清晰说明或观念。一位著名人士在他的一篇有影响的文章中曾这样写道："蒙台梭利是一位拙劣的哲学家！"

根据宗教人士的观点，我几乎是反对宗教的，他们中的许多人挤在我的周围解说"原罪"（original sin）的现实。人们很容易想象加尔文派教徒或新教徒对"原罪"的一般看法，确信原罪是人性固有的和绝对的罪恶！

不仅各种关于人的天性的哲学原理冒犯了"原罪说"，而且学校教育的方法原理也同样冒犯了"原罪说"。我们的教育方法被说成先验论的，被

---

① 卢梭（1712—1778），法国启蒙思想家、教育思想家。主要著作有《爱弥儿》等。——译者注

② 卢梭的教育代表作《爱弥儿》一书的第一句话。——译者注

说成取消奖励和惩罚，以及被说成打算获得没有这些实际帮助的纪律。它在教育学上被断定是"荒谬的"以及是与通常的实际经验相矛盾的，甚至是亵渎神灵的，因为据说上帝是奖励好的和惩罚坏的，对多数人来说这是对道德的最实际的帮助。

有一群英国教师公开反对并宣称，如果惩罚被取消的话，他们将辞去　41
教学职务，因为他们进行教学工作时不能没有惩罚。

在惩罚这个问题上，我并不认为，一个教育机构所使用的不可缺少的惩罚在儿童的整个人性中占据统治地位。但是，所有人都是在这种羞辱下成长起来的!

国际联盟（League of Nations）①曾主持了一项关于惩罚的调查，这是由卢梭研究所（Institute Jean-Jacques Rousseau）与新教育联谊会共同组织的。一些教育机构和私人家庭被问到他们在教育儿童时经常使用什么惩罚。奇怪的是，在这样一种并不慎重的调查中，所有人并没有被冒犯的感觉而是赶紧提供信息，一些教育机构似乎为他们的惩罚方式感到自豪。例如，有些人说，直接的惩罚是被禁止的，它往往是在一种愤怒的情况下施行的，但孩子的一些缺点会被如实记录下来；对整个星期里所实施的惩罚来说，在周末和安息日所受到的惩罚仅仅是一部分。

有些家庭回答说："当儿童不听话时，我们并不采用暴力的方式。我们不给他吃饭，而要他去睡觉。"

然而，粗暴的惩罚无疑是很多的。流行的惩罚有掌击、鞭打、关禁闭、可怕的和虚构的恐吓等。在我们的时代，国际联盟所收到的惩罚一览表是

---

① 国际联盟，第一次世界大战后的国际和平组织，成立于1920年1月，总部设在瑞士日内瓦。1946年4月解散。——译者注

所罗门（Solomon）①箴言的一个诠释："孩子不打不成器。"

在伦敦，我自己能买到杂货店出售的鞭子，因为教师们仍在使用它。

42　　对这些教育"不可缺少的手段"的需要表明，童年生活过去不是、现在也不是民主的，儿童作为人的尊严并没有得到重视。从最远古的时代起，一种障碍已在儿童心里产生，甚至比成人心里的障碍还多。无论从智力观点来看还是从道德观点来看，儿童的内在能量从未被认识到。

根据我的经验，儿童身上从未被认识的内在能量的展现取消了惩罚。然而，所有这一切因为一种幸运的环境而突然出现，作为一种意想不到的直接展现并没有被其他人所理解，反而引起了他们的诋毁。

让我通过一种例证方法来进行说明。当某个物体在一条狗面前呈现时，人们故意用食指指着那个物体，但狗将凝视着食指而不是那个物体。最后，更加可能的是，狗将咬食指而不是走向给它指着的那个物体。成人身上偏见的障碍会用同样的方式表现出来。人们看着我，仿佛我就是这样的一个伸出的食指，最后也咬住我。

对那些带有偏见的人来说，要他们承认这些事实证据，那简直是不可能的。在我看来，这些事实肯定是一些人的成就，而另一些人既没有产生它们，也没有编造它们。

那就是为什么我们会说到人的心里的一种盲点，尽管他的理解能力是
43　很强的。这种盲点类似于眼睛的视网膜，不过，视网膜是一种器官，人通过它能看到一切东西。然而，儿童的道德视力落到人的心里的"盲点"，在那里遇到了一个冰架②，什么也看不见。

---

① 所罗门，《圣经》所记述的以色列的贤明国王。——译者注

② 冰架，指陆地冰，或与大陆架相连的冰体（如北极冰架）延伸到海洋的那部分。——译者注

我们也说到人类历史上的"空白页"——那是从未被书写过的一页——与儿童有关的一页。

在描述人类历史的那些厚厚的和数不清的书籍中，从未出现过儿童。在政治、社会结构、战争或重建中，儿童从未被关注过。成人说到他自己时，仿佛只有他自己存在。儿童属于一个人的私有财产——他要求成人的尊重和奉献，但无论何时只要他妨碍成人就会受到惩罚。当成人梦想在未来的世界里存在一种想象的乐园时，他仅仅看到亚当（Adam）[①]和夏娃（Eve）[②]以及那个恶魔。在这个乐园里，没有儿童。

我们的社会精神还没有认识到这一点，即我们能从儿童那里得到帮助，儿童能给我们启发和训诫以及对一些不能解决的问题提供一种新的视野和解决方法。甚至心理学家们也没有在儿童身上看到一扇敞开着的门，通过这扇门他们可以进入潜意识领域，以至于他们仍然只是试图用成人的罪恶去发现和解释儿童。

秩序与美德

再回到道德障碍这一问题。要理解那些儿童的自发纪律和社会行为，那的确是十分简单的。其熟练、稳定和完善是如此惊人。

当我们凝视着天空中那些闪闪发亮的星星时，比以往任何时候更忠实地追随它们的运行轨道，因而坚信它们的位置。我们会想："啊！那些星星是多么好啊！"但其实不然，我们仅仅说："那些星星遵从支配宇宙的法则。"或者会说："宇宙的秩序是多么奇妙啊！"

自然界的一种秩序形式也会在儿童的行为中表现出来。

[①] 亚当，《圣经》中所称人类的始祖。——译者注
[②] 夏娃，《圣经》中所称世界最初的女人。——译者注

秩序并不一定意味着美德。这种秩序并不完全证明，人天生是善的或天生是恶的。它仅仅证明，在人的形成过程中，天性遵循着一种既定的秩序。

秩序并不是美德，但它也许是获得美德的一种必不可少的方式。

我们的外部社会组织也需要把秩序作为它的基础。社会法律有序地管理公民的行为以及支配他们的政治力量，这是一个社会结构的基本需要。然而，具体表现这些机构的政府可能是不好的、不公正的和残忍的。甚至作为社会生活的最不好和最野蛮的特征的战争，也是建立在战士的纪律和服从的基础上的。一个政府的卓越和它所维护的纪律是性质截然不同的两件事情。同样，在学校里，"没有纪律也就没有教育"是最先得到人们公认的——然而，在那里有可能是好的教育方式或坏的教育方式。

在"儿童之家"中，这些儿童的秩序来自神秘的、隐藏的和内在的命令。45 只有在提供使儿童所需要的自由时，他们自己才会表现出有秩序。为了提供这种自由，十分必要的是，在一个有准备的环境中对儿童自发的建构活动不进行干涉和妨碍，因而他们的发展需要就能够得到满足。

在我们能达到我们是"好的"这一点之前，我们首先必须进入"自然法则的秩序"，然后从这一高度起，我们能把自己提升到一种"超自然"的境界，在那里有意识的合作是必需的。

在谈到罪恶和不道德时，我们也必须把"无序"与下降到一个更低的道德水准区分开来。随意地对待这些支配儿童正常发展的自然法则，并不一定意味着是"坏的"。事实上，英国人使用不同的词来指出儿童的"不道德"和成人的"不道德"。他们把前者称为"顽皮"（naughtiness），把后者称为"邪恶"（wickedness）或"恶行"（badness）。

现在，我们可以肯定地说，年幼儿童的顽皮表示一种无序，这种秩序与心理生活构建过程中的自然法则有关。它并不是恶行，但它会危及个人心理活动的未来的正常状态。

健康与偏离

在谈到成长过程中的儿童的心理健康时，如果我们用"健康"一词来表示正常状态的话，那么每一件事情都变得更为清晰，因为它使我们考虑到与身体机能相似的事实。当人的所有器官正常作用时，我们说他的身体是健康的。这个标准应用于所有人，无论他们是强壮的还是虚弱的，或者他们的身体气质可能会怎样。然而，如果一些器官并没有很好地起作用，那么我们所面对的就是"机能疾病"。由于器官损害和机体疾病，人们不能做任何事情。这是因为不正常的机体作用的结果，但这样的机体疾病能够在卫生治疗、体育锻炼等帮助下得到治愈。让我们把这种观念运用到心理领域。在那里，有一些机能也受到了妨碍。它们完全不依赖于种族特性或专门的个别类型，不依赖于一个在生活中预先确定的自我发展的伟大或可怜的成就。与普通人一样，天才也必须正常建构某种机体功能，即他在心理上必须是健康的。

现在，正如众所周知的，儿童是不安定的、懒散的、无序的、狂暴的、执拗的、不顺从的等，他们在"机体功能"上是有病的，但能够通过一种卫生的心理生活形式得到治愈。换句话说，他们能够实现"正常化"。于是，他们就成了很有纪律的儿童，在我们的工作开始时就提供了那些表现，并使我们感到如此惊讶。由于这种正常化的缘故，儿童并没有变得"服从给他们上课和纠正他们的教师"，但他们发现自己找到了自然法则上的向导，他们的机能再一次开始正常发挥作用。然后，儿童能通过他们的外部行为给我们展现那种在**内部起作用的精神心理学**（像身体生理学一样）所处的那个结构复杂的心灵迷宫。我们通常称之为"蒙台梭利方法"的东西就围

46

绕这个基本观点旋转。

在40多年的经验以及全世界所有种族中得到一些重复的证据之后，我
们确实可以断言：自发纪律是所有其他令人惊讶的结果所依赖的基础，说
到例子的话，那就是书写爆发以及所有那些后来变得更为明显的其他形式
的进步。

首先，"正常的机体功能作用"必须获得一种"健康状态"——这种
健康状态的确立，我们称之为"正常化"。

如果儿童是进步的，那么必要的是，他首先应该使自己正常化。正像
一个患病的人不能依据自己的天赋进行工作，除非他首先使自己恢复健康。

心理分析学家们试图做的事情恰恰是使成人"正常化"，这些成人在
通过他们的活动和努力去实现他们的社会目标中发现会如此困难。在为机
体功能有困难的儿童提供的诊所里尝试着做同样的事情，以便使他们的机
体功能作用回到一种正常状态。

现在，让我们设想一下，人们都能认识到：一种教育方法对一个儿童
从一开始就能正常化是必需的，然后能够使这种正常状态自然地继续下去。
那么，这种教育方法就应该是以一种"心理卫生学"（Psychic Hygiene）为
基础的，这种心理卫生学帮助人在有益的心理健康中发展成长。

这并不涉及关于人的性善或性恶的哲学理论——甚至不涉及"正常人"
实际是什么的那种玄虚抽象的观念。它是一种实际的行动和努力，并能够
得到普遍应用。

发展的基础

确实，儿童发展的基础是非常清楚的。在发育期，即个人建构的时期，
一种潜意识冲动促使他去认识他自己的发展。当儿童得到做一件事情的机

会时，他是最高兴的，他回应这种冲动并做出最大的努力去实现这件事情。可以说，童年时期是一个"内在生活"的时期，它趋于所有器官的发展、成熟和完善。外部世界的价值仅仅在于为它提供了必要的手段，以达到由大自然设立的目标。所以，儿童除了适应他需要的东西并使用它来实现自己的目的外，并没有期望其他任何东西。

正像儿童并不嫉妒一个比他年长的儿童一样，他也不期望得到在那个特定的时期对他自己没有用处的东西。

因此，我们观察到，在一个起促进作用的环境里，儿童的态度是安静和欢乐的，并会选择他自己的教具和工作。

年长儿童不会用一种竞争的要求来激励年幼儿童，相反，年幼儿童的态度是一种值得赞美的专注态度。从年长儿童身上，年幼儿童看到一个关于他自己未来成功的形象，因为儿童必将发育成长，只要他不死去的话。年长儿童并没有仅仅因为自己年长而产生对年幼儿童的嫉妒。

所以，那些能称之为"恶"的情感并没有出现。年幼儿童的顽皮是一种保护自己或表现潜意识绝望的形式，这种顽皮不会对未来产生影响，也不会每时每刻"发生作用"。在儿童失去环境的刺激或由于阻碍他在环境中活动而经受一种受挫的感觉时，顽皮也可能是由于心理饥饿而引起焦虑不安的一种形式。于是，"潜意识目的"进一步与它在儿童生活中产生一种困境的认识分离，儿童也开始变得与具有引导作用的创造力分离。 49

只是在过了很久以后，儿童才会产生对其他人成功的嫉妒，于是"勾画人的最初草图"的时期也就结束了。或多或少已成功地认识生活目的的儿童因而开始对外部事物产生兴趣。这样，他能根据"善和恶"的观点对不同的事情做出判断。因此，我们可以谈论社会道德法则的缺点，以及证明起纠正作用的教育干预是正当的。

广泛的教育

甚至在这一时期，人们通常认为直接纠正和抑制缺点是错误的。只有通过扩展和提供"空间"以及为了个性发展而展开的方法，这种纠正才是可能的。对我们身边的其他个人的观察，肯定会引起更广泛的兴趣。只有穷人才会为一片面包而战斗。然而，富人则被世界提供给他们的那些可能性所吸引。嫉妒和竞争是一种"受到限制的心理发展"和一种狭隘观点的征兆。已获得一种"乐园"幻想的人不会满意整个世界，他很容易就放弃暂时的和有限的占有物。

这同样可以应用于一种"扩展"和引导个人超出直接兴趣的教育。嫉妒和竞争是由于对能够获得的东西的限制而引起的。一个广阔的空间激起了不同的情绪——这些情绪产生了一种高度的关注，有助于真正的发展。

所以，一种"广泛"的教育是某种道德缺点能够受到限制的平台。儿童今天在世界中已失去了活力，因此，教育的第一步必须是"扩展世界"，其基本方法在于"使儿童不受阻碍，去除他发展中的束缚"。我们必须"增强兴趣的动机，以适应隐藏在心灵最深处的倾向，并尽可能地激发它们。激励儿童自由地去获得，而不是抑制占有属于他周围那些人的东西的愿望"。在这一阶段，我们能够而且必须认识到存在着所有的可能性，教儿童重视自然的力量——这是建立人类社会的外部法则。

最后，有关道德问题(也就是伦理品行问题)的讨论肯定会涉及"幼儿"。只有当儿童逐渐运用理智时，我们才有可能把哲学问题带进这个领域。然而，道德哲学家们论述罪恶时很多是采用同样的方法，即带着达到上帝的目的来指导个人摆脱罪恶的诱惑。事实上，那些期望为反对"原罪说"而战斗的人是通过把人转向赎罪的方法来这样做的。

二、科学和教育中对儿童的偏见

文化的获得

在我们的学校里，这种教育经验得到了继续发展，"扩展文化"和"增加知识"的某些自然倾向在实践中已变得越来越明显。当然，它们似乎是沿着自然的道路发展的。在那里，教学问题似乎得到了完全改变。它表现为：教师实际上并不在固定的范围内传递知识，而宁可说是"激发"和"引导"儿童去学习更多知识的欲望，好像人们应该驯服生气勃勃的小马驹一样。必需的是为这种驯服提供一种指导，不用鞭打就使小马驹继续前行。

传递文化的方法是很不相同的。在普通学校中，教学**方法**是通过克服假定的困难而缓慢地进展的，这些教学方法事先是分级和分类的。儿童在为他们准备好的环境中失去了自由，相反，我们展现了已被证实的一些新颖**方法**。

有时，儿童的行为与最初的设想是完全不同的。只有当儿童能够根据心理的自然程序训练自己的能力时，他才真正地开始学习。这就是为什么他会在普通学校使用的教学方法之下失败和隐藏他自己的原因。只有当成人应用"间接干预"的科学方法去帮助儿童自然发展时，儿童才能展现他的令人惊讶的成就。

51

52

童年的教育

儿童在文化上表现出的早熟和广泛的进步，既激起了众多的赞美，也引起了相当多的反对，但这种反对是因为误解和缺乏理解而产生的。儿童的文化进步是建立在一种与儿童心理学有关的原理基础上的，也就是说，儿童通过他自己的活动进行学习，从环境中而不是从教师那里获得文化。此外，现在正付诸实践的做法也能给予我们令人满意的证明，根据有吸收力的心理的自然过程，潜意识的力量依然能自由地吸收和表达。

据说，成人构成了环境的一部分，事实上成人通过所谓帮助这一自然过程来进行干预。然而，另一个事实也继续存在着，正如通常所认为的，儿童不能仅仅依靠讲解知识的教师的努力来学习，尽管这位教师是最优秀的和最熟练的。还有，在学习过程中，儿童遵循着心理形成的内在法则。在儿童和他的环境之间存在着一种直接的交流，但此时充当它们中间人的成人却带着自己的兴趣和动机阻碍了这种直接交流。

53

我们的经验比以往任何时候都更加深刻地证明，学习过程已经与更加深入地了解这些现象的意图联系起来。人们发现，许多被置于适宜环境的儿童对数字大的数学学习特别感兴趣，不仅对步骤多的算术运算感兴趣，而且对更高水平的计算，诸如解平方根和立方根尤其是解几何题感兴趣。我们也发现，他们在具有计算能力的同时还具有学习一些语言的能力，学习每一种语言的文法和语调。这里有一个例子，有一个八岁的印度儿童，对阅读梵语（sanskrit）[1]诗歌表现出极大的兴趣，尽管梵语是一种已死亡的语言。所以，他的文化知识从现行的语言和已死亡的语言扩展到那些外国语。

也许可以补充说一下儿童对自然科学的兴趣，他们对姓名的惊人记忆，

---

① 梵语，古印度－雅利安语，印度教徒的古典文学语言。——译者注

以及让我们十分难以理解的是他们对学习复杂的动物和植物分类系统的兴趣。这些分类不仅经常是不确定的，而且似乎是难以记忆的。所以，至少应该考虑从幼儿学校课程大纲中取消这类自然科学知识，把它们看作过高的要求。

在活动符号的帮助下，这种对分类的兴趣也就展现出来了。当儿童能　54
在这些情景中创造出一种心理秩序和十分明确地把每一样东西放在它自己的位置时，他们体验到了快乐。当然，它并不是一种记忆的练习，而是一种建构的练习，就像一个幼儿用湿的沙子进行游戏一样。许多想法和名称是在一种迷人的建构中获得的，否则就会被"遗忘"掉。就像数学教具是在十进制的练习中建立的，十进制的计数单位是在非常清晰的和连续的步骤中得到的，算术几乎是计数步骤的一个结果。同样，这种情况也随之发生在历史事件上，这些历史事件被置于与它们有关的年代和地区的关系之中，因而在儿童心里构建了一种以时间和空间为标志的文化知识体系。

自然的创造力量也是用这种方式发展的。在儿童学习本国语时，语言最初是在语音和文法基础上建立的，也就是说，这种秩序意味着那些词应该被用来表达思想。这是最基本的构建，是在儿童满两岁后不久就完成的；与此同时，他所掌握的词的数量仍是比较少的。随后，语言由于有了新词的增加而自然地丰富起来，这些新词在早已建立的秩序中找到了它们的位置。

我们发现，我们应用于九岁以下儿童的程序同样能够应用于那些年龄更大的儿童，因而我们能够肯定，在学校生活的所有阶段，重要的是在正处在成长发展过程中的儿童个人活动的道路上不设置障碍。因此，他们只能服从"心理发展的自然过程"。确实，当文化达到更高的水平时，教师扮　55
演了一个比以往任何时候更为重要的角色，但是，他的角色主要在于激发兴趣而不在于实际教学。当儿童们对一门学科感兴趣时，他们势必会花很长时间去学习它，或者换句话说，他们试图在其中找到自己的道路，直到依靠他们自己的经验来达到一种"成熟"。在这之后，他们不仅学会了这门学科，而且必然会在将来得到进一步扩展。于是，差的教师发现他自己不得不超出他所规定的教学限度。因此，他的困难并不在于如何"使儿童去学"，而在于懂得如何去适应儿童的一些意想不到的要求，在于他应该立即教他从未打算教的东西。换句话说，教学自动地得到了扩展。在一个长时间的休息（可以说是一个假期）之后，儿童常常忘记了他们以前所学过的东西，但是，他们的文化知识似乎是更加丰富了，就像变魔术一样。在假期之后，他们比以前知道得更多。所以，他们从环境中吸收知识的能力再一次被唤起。

自发活动的过程有时存在于一种自愿加强和复杂的努力之中，可以连续几小时，甚至连续几天集中他们所有的心理能量。我记得，有一个儿童想画莱茵河及它的所有支流。所以，他必须长时间研究一些有关地理的文章，而这些文章与学校课本是完全无关的。对实际绘画来讲，他选择工程师所使用的绘图纸，并利用圆规和其他各种工具。他努力去完成这个工作，并表现出极大的耐心——确实，没有人强求他做出这样的一种努力。

又一次，我看到一个男孩决定去完成一道计算步骤多的乘法运算题：30乘以25。这道运算题的部分乘积达到如此的程度，以至于这个男孩感到惊讶。他必须求助于两位同伴的帮助，他们已发现必须把一些纸粘贴起来，以便容纳这一令人吃惊的运算和繁多的计算步骤。在连续两天的工作之后，这道运算题还没有完成。第三天终于完成了，然而没有一个男孩表现出任何厌倦的迹象，而且，他们看起来对自己的伟大成就感到自豪和满足。

我记得，还有四五个儿童决定一起完成有关整个字母表本身的代数运算题——计算字母表的平方。这次运算也要求物质上的准备，把更多的纸条粘贴在一起，总计达到了大约10米的长度。

这些耐心的努力使儿童的心理能力得到了加强，并使之变得更加敏捷，正如对身体进行的体育训练一样。

一个儿童获得了进行十分复杂的有分数运算的能力，但没有把它们写下来。因此，他显示出在自己心里保存数字概念和连续运算的能力。当一位教师在纸上这样做时，儿童心里已完成了这些运算，否则就不能做到。在计算结束后，这个儿童宣布了他的答案。那位教师（主管过一些英国学校以及访问过我们在荷兰的一些学校）谈到，这个儿童提供的答案并不正确。这个儿童一点也没有感到不安，他想了一会儿，然后说："是，我检查一下我的错误在哪里。"过后不久，他就提供了正确的答案。在一个十分复杂的运算中，这种随后的心里纠正错误比那个运算事实引起了更大的惊讶，因为儿童已能自己完成这个纠正错误的过程。显然，对保留所有这些连续的运算阶段来说，这个儿童的心理具有了一种特殊的能力。

还有一次，有一个儿童根据由我们的教具所要求的程序学习求平方根。他自己特别有兴趣来求这样的平方根，但他运用自己所发明的不同方法来做，然而他不能给以说明。

我们能继续提供无数的例子。最特别的一个例子是有关一个男孩耐心工作的事，他写下了整整一小本的语法分析。他从来没有中断过这个工作，专门花费了几天时间，直到完成这个工作。

这些心理现象展现了一种通过练习而表现出来的形成机制，这种练习既没有任何外部的效用，也没有任何实际的应用。强迫一个人进行身体训练是不可能的，因为没有这样的一种强烈的练习兴趣，没有这样的一种对目标的恒久专注（这些目标本身不是十分有吸引力的，甚至是没有意义的），那将是不可能的。

57

58

实际上，文化的获得要求一种自发的努力，例如，这种努力将不可能是由外部激起的。尽管那么多儿童在各种工作中显现出如此的"浪费时间"，但这些儿童在所有的文化分支以及在艺术上都取得了异常的进步。在印度的一所学校里，有一位专门教音乐和绘画的教师，一群儿童常常聚集在音乐教室里，当这位教师不在那里时，这群儿童就练习教师并没有教过他们的舞蹈。他们的舞蹈动作完全不同于印度古典舞蹈所规定的刻板动作。每一个儿童都会根据乐器的节奏进行表演，并伴随着一种由他们自己创作的合唱歌曲。所有这一切显现出一种比只是喜爱更为强烈的兴趣。在这所学校里，经常能听到这些意想不到的形式的音乐。

我们在这里见到的现象完全不同于普通教育和教育心理学中所谈及的那些现象，因为那些现象仅仅与意志和努力有关。那些现象被看作由于努力或外部强迫而造成的结果。然而，我们目睹了一种生命力，一种意料之外的和未被想到的现象的爆发，它既不考虑他人的反应，也和任何功利主义的应用完全无关。不过，在一个真正获得文化的过程中，进步显然更多地得到这些内在力量的帮助，而超出一种有意的和强迫的努力。因此，所得到的这些结果并不直接与这些惊人的耐心练习及这种不断的工作有关。我们宁可说，它们似乎是属于内在机制的，由于内在机制的作用提供了一个冲动力，并促使个性的整体发展。

事实上，一个最间接的结果就是"性格"的形成。儿童不仅在文化上获得了奇迹般的进步，而且他们更多地支配了自己的行动，对自己的行动更有把握，而没有任何由于胆怯或害怕而产生的僵硬或犹豫。他们也准备使自己去适应其他人和环境以及不同的需要。生活中的欢乐是与纪律联系在一起的，似乎是儿童从内部得到而不是从任何外部环境得到指导的行动的结果。在这个基础上，儿童准备去控制环境。当他们更公正地和更有能

59

力认识与评价自己时，他们特别镇定和平静，因为这一点他们也容易使自己适应其他人。

在我们所经历的过程中，我们在这一点上也曾遭到了由于一些偏见而引起的强烈反对。尽管所有人都抱怨缺乏文化并强调文化对我们时代的文明生活是绝对必要的，但对我们学校的文化发展仍存在着很大的反对。看起来好像儿童必须得到保护以抵制我们的影响。人们心理惯性的力量几乎把儿童的这些表现考虑为一种教育学的弊端，甚至更多是看作一种心理学的异端，强烈反对我们的教具展示（尽管这些教具曾帮助过儿童的发展）。在普通学校的儿童中，心理能量的发现被引入了教育学领域，我们被指责为强迫儿童的智力早熟。我们所谓的"主智说"（intellectualism）遭到了谴责，但我们认为自己完全是清白的。

这些简单的事实（虽然与我们有关但关系不大）不仅使我们感到惊讶，而且也使其他人感到惊讶。对其他人来说，他们的惊讶是与怀疑混合在一起的。谁会自称比以往任何时候更能激起儿童的这些力量的展现？那肯定不是我！儿童自己展现了这些力量，我们没有做什么事情，但在我们学校的自由环境中期待这些力量的展现。我们仅仅提供儿童所需要的帮助。然而，我们试图去理解这些力量的源泉，并研究允许和可能促使这些力量"爆发"的环境。同样的现象在如此多的不同民族和比我们具有更悠久历史的古老文明国家的儿童中得到广泛的重复，使我们不得不得出这个结论：我们所面对的是"正常化"的可能性和真正的人的力量，但长期以来所有这一切被隐藏起来了，其原因在于成人不重视心理发展的法则。儿童仍然是未被了解的，因为成人拒绝对他们希望能够正常发展的愿望给予帮助。

儿童的社会问题

我们已论及的那些结果并不是容易得到的，因为巨大的障碍来自一些

61   根深蒂固的偏见。在儿童生活和儿童教育方面，所有人不仅从人在地球上出现就开始有了经验，而且继续会积累经验。这些经验长期以来一直得到增加，并成为普遍的经验。不幸的是，有些现代科学的分支或科学的尝试是围绕儿童行为的最表面现象（实际上是围绕外部环境）而发展起来的，它们容易与那些偏见妥协，认为每一个成人都把爱给予了儿童。那就是为什么我们会说儿童生活的表现没有被"有眼睛能看的"人看到的原因。也许应该说，那些人早就因为偏见而对它视而不见了。

这些偏见是如此普遍，因而要使儿童生活的表现被认识到是困难的。事实证明，这些偏见是混淆不清和力量强大的，因为所有人或几乎所有人通常都把儿童看成是未知的，是一个未知的实体，没有一个儿童像他那样。事实上，如果人们将告诉一位听众，为了改革教育就必须克服许多偏见，在听众中最进步的和最无偏见的人将会立即考虑到与儿童健康有关的偏见，已经了解了什么偏见，还没有了解什么偏见。他们认为，这是一个消除已被了解的偏见和谬误的问题，以便不把这些偏见和谬误传给更年轻的一代。一些人主张，应该避免宗教教义的教学；另一些人主张，应该消除某些反社会的阶级差别；还有一些人主张，应该排除某些不再属于我们社会的传统习惯，等等。

62   然而，到目前为止，似乎还不能理解的是，仍存在着一些偏见"阻碍"我们以一种不同于平常所流行的观点去看待儿童。

现在，那些研究儿童心理学和儿童教育的人必须考虑到的，不是那些不断烦扰一些近代教育家的社会偏见，而是其他的偏见——那些直接与儿童、他的天性特征和力量以及他的不正常的生活环境有关的偏见。

通过消除宗教偏见，也许有可能更好地理解宗教的崇高或意义，但并不能更好地理解儿童的天赋个性。通过消除与社会等级有关的偏见，也许有可能加强社会成员之间的理解和融洽，但并不有助于更好地理解儿童。如果在我们的社会关系中许多传统习惯被认识到是无用的和属于过去的，那我们就可能亲眼看到一种社会习俗的改革，但我们并不能更好地理解儿童。

根据通常的观点，所有这一切似乎是有助于社会进步的，但在成人中间仍然会把儿童的生活需要搁置一边。在社会以及它的进步中，成人仅仅看到他自己。儿童被滞留在社会外面——成为生活的方程式中的一个未知数！

因此，一种偏见已进入成人心中——其观点是，儿童的生活只有通过教学才能得到改变或改善。这种偏见阻碍对这个事实的理解，即儿童建构他自己，他有一位教师就在他自己内部，而且这位内在的教师也遵循一种 63 教育计划和教育方法。通过了解这位未知的教师，我们成人可以享受特权和幸运地成为他的助手或忠实的仆人，并以合作的精神帮助他。

许多其他的偏见在逻辑上是这种偏见的结果。据说，儿童的心理是空洞的——没有向导，也没有它自己的法则。所以，成人被认为有十分重要的责任去铺垫它、指导它和命令它。人们相信，儿童天生就有一些缺点，趋于自我放纵和惰性；儿童天生就是作为一根羽毛随风到处飘来飘去。所以，成人必须始终激发和促进他、纠正和指导他。

同样被假定，在生理方面，儿童不能支配他的运动，也不能照料他自己，因此，成人赶快为他做每一件事情，根本没有考虑到儿童能够很好地控制他自己，于是，儿童被说成是一个沉重的负担和一种重要的责任，因为他要求不断的关爱。成人对儿童的态度是：他必须把儿童"创造"成一个成人，关注已进入他家庭的这个人的心智、有用的社会活动以及品格就是他的全部工作。

因此，傲慢天生就是成人的这种渴望和责任感的一个伴随物。在这种
眼光中，儿童应该把无限的尊敬和感激归于他的创造者和他的救星。如果
儿童进行反抗的话，那么他肯定会受到惩罚，肯定会在暴力的帮助下趋于
服从（如果需要的话）。于是，为了达到完美，儿童必须唯命是从和绝对服从。
他是一个完全依靠父母为生的人，长期以来父母承担他的生活的全部经济
负担，他必须绝对依赖父母。他是一个"儿童"。甚至当儿童长大时，他在
进大学前必须每天早晨按时修面，他仍然依靠他的父亲和他的教师，恰恰
因为他仍是一个"儿童"。他必须去他父亲希望他去的地方，每天像他的教
师和教授希望的那样学习。他将继续滞留在社会外面，甚至当他获得他的
学位或者已经二十六岁的时候。

没有他父亲的赞成，他就不能结婚，直到一个完全被预设的年龄，根
本不考虑他的需要和情绪，而且服从一条由成人宣布的和对所有人都是一
样的社会法则。

当社会告诉他："寄生虫，你自己准备去死或被杀死吧！"他实际上
就必须顺从地去死。如果他不这样做，如果他不服兵役，他将被排斥在社
会之外，而被归类为一个违法者。

所有这一切使得我们的世界就像一条小溪的全部河水流经一块草地。
这就是给一个人提供的生活准备。而对妇女来说，她们仍然为了生活而更
加依赖于他人并受到责难。

这种生活方式的标准形成了社会的基础。也许没有一个人会被认为是
好的，如果他不服从他们的话。

因此，从诞生起一直到遵守由成人提出的全部规定，儿童和青少年在
社会中并没有被看作人。以那些年轻的学生为例来说明，他们被告知："考
虑一下你的学习。不要使你自己忙于政治活动和反对强加给你的那些观念。

你没有公民权。"

只有在服从这种专制之后，社会才会对服从者开放。

我们必须承认，在文明历史中，已经发生了一些变革。罗马法律承认，父亲是家庭的主人，具有杀死他孩子的权利，因为他根据天赋权利创造了孩子。那时候，虚弱的或畸形的儿童会被推下一块陡峭的岩石（塔尔皮亚[①]岩石）而予以处死，从而履行了净化种族的责任。另一方面，基督教寄希望于自己的儿童，在一种尊重生活的法则之下使儿童变形，但仅此而已。儿童不会再被处死了。

在"保护"儿童的生命和防治极为凶恶的疾病方面，卫生学这门科学慢慢地取得了成功。然而，所给予的更大关爱并没有指明如何改革社会环境，因为所有儿童的生命都要受到保护，并不仅仅在于疾病的防治。

儿童的个性已在秩序和公正的偏见之下被隐藏起来了。尽管成人非常坚决地为自己的权利辩护，但他已忽略了儿童的权利。他甚至没有意识到儿童的存在。但是，儿童生命自身一直到现今时代还在不断进化和趋于复杂。

从这样的观念中产生了那些特有的偏见，因而使成人自己处在一种借口之下，这种借口谎称其目的是为了保护和关心儿童的生活，因而是值得赞扬的。

例如，幼儿不应该被允许去做任何形式的工作。他必须放弃一种被成人认为是心智迟钝的生活。他只应该采用某种已被确认的方式进行游戏。

所以，如果有一天发现儿童是一个伟大的工作者，他能集中自己的精力甚至是专心致志地做他自己的工作，他具有自觉的纪律，那似乎就像是

---

① 塔尔皮亚（Tarpeia），古罗马神话人物，系罗马军队指挥官塔耳珀伊俄斯之女。——译者注

一个神话故事。但这种说法并不会让人感到惊讶,尽管它似乎是十分荒谬的。

不对这一现实予以关注,也就不会得出这个结论:在这种显而易见的矛盾中,也许隐藏着成人的一个错误。成人会认为它简直是不可能的,它是不存在的——或者正如传闻所说的,它是开玩笑的。

在试图给予儿童自由和让儿童展现他的力量方面,最大的困难并不在于发现一种实现这些目的的教育形式,而在于克服成人自己心中所形成的那些偏见。这就是我所说的我们必须仅仅认识和调查"有关儿童的偏见"并与之做斗争,而不涉及成人可能形成的与其生活有关的偏见。

这场反对偏见的战斗就是儿童的社会问题,这个问题的解决必须伴随儿童教育的革新。换句话说,绝对必要的是准备一条通向这个目标的明确和清晰的道路。如果消除那些对儿童的偏见的直接的和全部的目的在于成人的革新,那么,随之而来的将是一步一步地消除成人心中的障碍。从整体来看,这种成人的革新对社会来说是极其重要的。它表明一部分人的意识的重新觉醒,而这种意识曾经把它自己一层又一层的障碍掩藏起来。而且,没有这种意识的重新觉醒,所有其他的社会问题都会变得难以理解,这些问题正是由于它们难以解释而引起的。有关儿童的"意识"已经模糊不清,不仅在一些成人中,而且在所有成人中——因为一切都已论及儿童。当他们对儿童的意识模糊不清时,他们也就无意识地行动。对于这一点,他们并不使用引导他们在其他领域获得进步的思考力和智力。正如我们早已指出的,在他们中间存在着一个盲点,它与眼睛视网膜上的盲点相似。儿童作为未被了解的人或仅仅在外表上看似人类的人,有时几乎被认为是父母的事情,父母为他们的孩子开辟了一条奉献和尽责任的道路,但儿童自身既不引起敬畏也不引起赞美。

让我描述一种心理情结。假设儿童事实上表现为一个神授的奇迹,正如人们感到的那样，在童稚的耶稣面前，耶稣激励艺术家和诗人，对所有人类来说他是拯救的希望，东方和西方的国王们虔诚地在一个威严的人物的脚下摆放他们的礼物。然而，这个童稚的耶稣在为他举行的宗教礼拜中也是一个真正的儿童，一个没有意识的新生儿。几乎所有父母在他们的孩子诞生时都会感觉到如此崇高的情感，孩子由于父母慈爱的力量而被理想化了。可是，当这个孩子后来长大了，他就开始成为一个讨厌的人。父母几乎都有点懊悔，开始保护他们自己以抵制他。当孩子睡着的时候，他们是高兴的，并试图使他睡得尽可能长一点。那些人把他们的孩子交给一位保姆看护，以便能做他们自己的事情，并要保姆尽可能使孩子不接近他们。如果这个未被了解的和不可思议的人在无意识的冲动下行动和不顺从，那他就会受到惩罚，他要在心智上和身体上进行抗争是软弱的和无助的，他必须忍受一切。在成人心中产生了一种"冲突"，因为他并不关爱儿童。首先，这种冲突引起了痛苦和自责。然而，后来因为心理机制在人的意识和潜意识之间的作用而达到一种适应的形式。正如弗洛伊德(S. Freud)[1]所指出的，存在着一种神游症。[2]潜意识占据上风，换言之，它建议："你所做的事情并不是为了保护你自己以抵制儿童，你在这方面履行了一种责任。它是一件必须做的好事。你甚至必须勇敢地行动，因为你正在'教育'儿童。你正努力在他身上培养美德。"当得到这一安慰时，赞美和关爱的自然情感实际上被掩藏了。

　　这就是人们所看到的全部，因为这种现象是人性的体现。因此，一种

---

　　① 弗洛伊德（1856—1939），奥地利心理学家，精神分析学派的创始人。主要著作有《释梦》《精神分析引论》等。——译者注

　　② 神游症，指一种暂时性的不正常行为，突然发生和终止，表现为无目的的漫游。——译者注

"潜意识防御组织"是由世上所有的父母完成的。整体依赖于部分。整个社

69   会形成一种共同的潜意识，所有人在远离和抑制儿童时完全一致地行动。

所有人都为儿童的利益而行动，都对儿童履行一种责任，甚至是一种牺牲。

在这一方面，最初存在的那种懊悔变成了奉献。这种冲突肯定会继续隐藏

在成人社会的团结一致之下。因此，已被确立的观念具有暗示的力量，外

表上是一种所有人都同意的绝对真理。与之相协调的是，未来的父母们根

据这种暗示为这种责任和牺牲做好准备，他们将会为他们孩子未来的幸福

而行动。

这些人是这种暗示的受害者，他们自己为这样的适应而有意识地做了

准备，使儿童潜意识地被隐藏起来了，因为在所有暗示的受害者中，此后

仅仅存在着由暗示所确立起来的观念。这种观念被世世代代传承了下来。

在岁月流逝的过程中，未被了解的儿童将不再能够展现任何与他的崇

高天性有关的东西。

我们已给出了一种方式——一种缩写——去表示这种现象。伪装成好

的东西事实上是隐瞒坏的东西。这种坏的东西本身已被组织起来，已找到

一种潜意识解决严重冲突的办法。没有人期望坏的东西，所有人都期望好

的东西，但是，那种"好的东西"是坏的。每一个人都由于来自道德上始

终如一的环境的暗示而受到影响。所以，在社会中，一个恶的（Male）组

织（Organization）已经形成，它采取了好的（Bene）伪装，被强加于（Imposed）

受暗示（Suggestion）影响的整个人类。当我们把这些不同的词的首字母

70   组合起来构成一个词时，我们就得到了"OMBIUS"（偏见）。

偏见

社会的**偏见**支配着儿童。一切都服从于把崇高的儿童看作童稚的耶稣

的小兄弟。**持有偏见的人认为，把儿童的生活掩盖起来是命中注定的，同时对儿童有启发的理想人物仅仅作为在宗教祭坛上的一个象征而存在。**

当成人们虔诚地得出这个结论，即所有人都是上帝的孩子，耶稣基督生活在他们每个人中间并成为他们仿效的榜样时，他们为了证明自己与耶稣在一起竟会说："现在我过着有意义的生活，不是我而是耶稣生活在我的心中。"但儿童除外。童稚的耶稣仍然与可怜的新生儿分开，新生儿则被掩藏在偏见之下。在儿童身上，人们仅仅看到肯定会遭到被抵制的原罪。

这个建立在人性的心理秘密基础上的简短说明，表明了一个有关正在发展的和完全受到抑制的儿童的基本事实。整个由成人组成的社会的偏见沉重地压在儿童身上，尽管他在家庭里是被孤立的。在社会发展的过程中以及为了人的权利而不断开展的社会运动中，儿童是被遗忘的。

历史是不公正的，儿童还没有被正式地写进历史，因而还没有在学校各个年级作为历史学习的一部分来教。甚至要在这门科目上获得一个专业学位的学生，也从未听到儿童被提及。历史只是论及成人，因为只有成人存在于我们的意识之中。同样，那些在法律专业中学习的人学习过去和现在的一些法律，但他们从未意识到没有什么法律被宣布是代表儿童权利的。文明社会忽视了一个还从未变成"社会问题"的问题。

只有当儿童对成人有用时，他才会被加以考虑。但是，甚至在那时，儿童继续处在意识的盲点，担心他自己作为一个人的命运。

让我们列举那个最明显的例子。在法国革命时，人权（the Rights of Man）被第一次宣布了。在这些权利中，所有人都享有阅读和书写的教育权利。直到那时，最容易为那些富裕阶级成员所享有的特权已成为一种普遍的权利。合乎逻辑的将是，所有成人都利用这个机会（尽管必须付出努力），因为存在着一种权利，这种权利不仅废除了全部的特权，而且也意味着努力去改善个人。

然而，这种责任仅仅由儿童来承担，努力实现这一目标的整个负担落在他们肩上。

于是，我们在这里看到历史上第一次对儿童（既包括男孩也包括女孩）的一种"动员"。所有儿童都被召集起来在学校里参加服务工作，就如在战争时期男子都被动员起来参加战地服务一样。

我们所有人都知道那个令人惋惜的故事。儿童被宣布判处无期徒刑，因为对他作为一个儿童的整个生活来说，他被送进了监狱。他被监禁在空空的小房间里，一直坐在木凳上，处在一个暴君的统治之下。这个暴君认为，儿童应该像他所希望的那样去思考，学习他所希望学习的东西，做他所希望做的事情。儿童那娇嫩的手被迫去书写。他那充满想象力的心灵必须集中在字母表的那些枯燥无味的符号上，成人所拥有的字母表并没有给他展现任何的好处。字母表的这些好处仅仅被成人发现了。

这是一段没有被记录下来的儿童受折磨的历史！儿童受到了折磨——他们的手指受制于笔杆；他们挨柳条的鞭打，被迫去进行一种残酷的练习。人们太了解这些小犯人所遭受的痛苦——甚至他们的脊髓是弯曲和变形的，因为在身体虚弱的早期发展时期里，他们被宣布要连续坐在一条木凳上好几个钟点，日复一日，年复一年。

成群儿童的身体因寒冷而受到损害，并引起了各种疾病——于是，儿童们必须生活在那些集中营里。这种情况一直延续到现今的世纪。这种环境带来的好处是：权利是属于成人的，而不是属于儿童的。不过，没有人感到要感激儿童，没有人试图减轻儿童的痛苦。然而，父母们总是依赖那些天然的父母之爱而生活的，他们在孩子诞生时就表现出父母之爱。他们总是本能地对年幼孩子进行保护，这一点甚至与动物是相同的。

72

除我们已意识到的一种神秘现象外，这怎么解释呢？有什么例子能比这个例子更好地说明偏见存在的事实以及对儿童的偏见呢？

73

现在，我们时代的社会正在进行一种认真的努力以减轻儿童的那些痛苦，正在进行一种尝试以改革教育。更多的既卫生又漂亮的学校已被建立起来。无论如何，所有这一切都在对误解儿童的成人及其环境产生影响，但人们仍然用因为偏见而扭曲的眼光看待儿童。

三、"星云"①

人与动物

75　　只有当我们从遗传学的角度有逻辑地思考时，我们才会发现人类新生儿与哺乳动物幼崽之间的差别。与所有动物一样，幼小的哺乳动物继承了物种的某种特定的行为。这种行为同其身体的形态特征是固定不变的；而且，这种身体形态完全符合其生活习性。每个物种的身体功能都是固定不变的。它的习性、移动方式、跳跃、奔跑或攀爬都是与生俱来的。所以，正是在适应周围环境的过程中，物种训练着这些特有的功能。其目的不仅在于保存本物种，而且在于进一步加强自然赋予本物种的整体功能。这是物种的自然目标。不同物种的腿的功能是与其各自的任务，如跳跃、奔跑、攀爬

76　　或刨土等相一致的。同样，物种的凶猛或贪食尸体及内脏导致了地球上自然秩序的形成。总之，无论其表现是敏捷快速还是强壮硬朗，物种的躯体之所以长成这样，就是为了完成每个物种的"自然目标"。那些天生就拥有某种特定的生存适应能力并可做出适度变化的物种毕竟是凤毛麟角的。这类物种已被人驯化了，而更多的物种仍然顽固地保留着其遗传特征，根本

① 蒙台梭利提出了"星云"（nebulae）这一概念，把引导儿童吸收其环境的创造力比喻成作为天体起源的星云。——译者注

不能被人驯化。

与之相反，人的适应能力几乎是无限的，例如，人能在各种地貌或地区居住，能养成各种习惯并具有工作的能力。实际上，人属于那种唯一可以在自然界通过其自身活动无限演化的物种，并由此繁衍出人类文明的发展轨迹。人类是唯一天生没有固定行为模式的物种，这一点有别于所有其他物种。正如生物学家们最近所指出的，人类在婴儿期永远是一种含蓄待发的状态，这是因为人类总是在不断演进中发展的。

因此，这是人与动物的第一个区别——人没有从遗传中获得固定的行为。

另外一个显著的区别在于：人在婴儿期没有活动能力，不像其他许多哺乳动物，诸如小猫、马驹、牛犊等，在幼崽期就具备成年物种的行为特征。这些物种几乎一生下来就可以站立，而且在哺乳期就可以跟在它们的母亲后面行走。

甚至连被认为和人类最为接近的猴子，一生下来也是活蹦乱跳和非常 77 机灵的。它们可以始终紧紧抱着母猴不放，而无须让母猴劳神。甚至当母猴爬树时，小猴也是依附在她身上，用两只小胳膊紧紧抓住她。不仅如此，小猴还经常设法跑开，母猴必须费力地捉住它，让它待在自己身边。

相反，人的婴儿在很长时间里是没有什么活动能力的。他不会说话，而此时所有其他动物的幼崽一落地就开始叽叽喳喳或吠叫起来，发出的声音都是其物种所特有的。世界上所有的狗，无论是什么品种，都会吠叫。所有的猫都会咪咪叫，正如所有的鸟儿都会发出其特有的叫声和唱出委婉的歌声那样——这种表达方式是其物种所特有的。

人类是唯一在婴儿期长时间不能自由活动的物种。在公牛已能繁殖、体格远远大于人的身体、生理器官也相应成熟的某个年龄阶段，此时人类的幼儿仍然只是个儿童，远没有达到成熟期。

然而，那些只研究人体形态的进化以及相关器官而想从中推断出人类直接由动物衍生出来的人，却没有对漫长的人类婴幼儿期这种神秘特征所带来的显而易见的差别给予足够的重视。因此，有关进化过程的理论留下了一个空白，至今尚未被研究。

78　　　事实上，似乎可能认同某种逻辑推理：人类在体形上像猿，通过长时间的不懈努力（也只有依靠这样的努力）去适应环境而进化成人，因为人的身体和猿的体形有很明显的相似之处。原始人的面孔和头颅与处于高级阶段的猿人的面孔和头颅非常相像。两者的四肢和骨骼也是惊人的相似。那些认为原始人也像猴子一样必须爬树的人，只不过是坚持电影《泰山》（*Tarzan*）[①]中被精彩展示的那一套老生常谈。然而，有一点仍然是令人费解的。我们可以想象一个身材矮小的原始人会爬树，但我们难以接受的是，这种原始人的孩子一生下来就会说话，依靠自己的力量紧紧抱住母亲，并且站起来马上就会到处奔跑！人们很难解释，为什么人类进化到生命的高级阶段（即现代的人），会看着自己的新生儿这样被动、不会说话和缺乏智力，并且连续多年不能获得在进化过程的前期阶段的能力！所以，人类有别于其他物种的显著特征之一就表现在新生儿时期。

我们今天解释不了这种情况并不要紧。这种情况就摆在那里，讨论起来很容易。如果人类的新生儿与哺乳动物的幼崽相比处于劣势，而且这种劣势非常明显，那么，人类的新生儿肯定具有某种其他动物的幼崽所不具备的特殊功能。

这种特殊功能并非源于以往婴幼儿形态的遗传，所以，它肯定与某些

---

①《泰山》是1918年拍成的一部无声电影，讲述人猿泰山这个丛林冒险英雄的故事。——译者注

新的特性有关，而这些新的特性是在人类进化过程中发展而来的。

这种新的特性依靠对成人的观察是不能发现的，但通过对儿童的观察 79就能够看得很清楚。

在进化过程中发生了一些新的变化，从而导致人类的出现，这就像在动物界也出现了一些新的特点一样，继爬行动物、鸟类和哺乳动物之后，又出现了恒温动物以及某种保护物种延续所产生的本能。鸟类与爬行动物之间的真正区别，不是始祖鸟（archaeopteryx）①嘴中的恒齿或构成多个脊椎的长尾，而是以前没有的、现在与恒温动物一起出现的母爱。所以，在进化过程中出现了一些新增加的东西，而不仅仅是变形。

儿童的功能

和成人相比，儿童除体格小和体质弱外，肯定还有某种特殊的功能。他不能一生下来就具有成人所具备的一切特点。实际上，如果儿童已具有了这些固定的特点，如同发生在其他物种身上的情况那样，那么，人就永远不可能使他自己适应如此不同的环境和习惯，永远不可能在他的社会习俗上得到发展，永远不可能从事各种不同形式的工作。

所以，确切地说，人类有别于动物的东西是与遗传有关的。很明显，他没有继承其固有的特征，而是继承了构建这些特征的潜能，因此，诞生后，这些特征随着每个儿童的不同而建构起来。

让我们以语言为例。可以肯定的是，从遗传角度上讲，人肯定具有传 80递和发展语言的全新能力。其语言能力与人的心智以及人进行社会合作和传递思想的必要性是相关的。然而，没有任何一种特殊语言是可以这样传

---

① 始祖鸟，最古老的一种鸟类，现已绝迹。——译者注

递的，也就是说，人会说话不仅仅是因为他长大了，就像世界上任何一个
地方的幼犬一样，即使把它与其他的狗隔离，它也会吠叫。正确地讲，人
类语言的缓慢发展是在幼儿早期无活动能力和无意识的状态中开始的。在
两岁到三岁三个月之间，幼儿可以清楚地讲出和正确地重复其生活环境中
所说的语言。他不是通过遗传而重复其父母的语言。事实上，如果把一个
儿童从他父母和周围的人身边带走，放在一个讲另外一种语言的国家里抚
育，那他将会讲他所生活的那个地方的语言。如果把一个意大利儿童带到
美国去，那么这个儿童就会讲带有美国口音的英语，而不会讲意大利语。
因此，儿童本身具有某种语言能力，在他获得这种语言之前，他与其他动
物的幼崽相比是愚笨的。

历史上讲到的那些"丛林儿童"（jungle children）是指被遗弃在树林里
的儿童。在非常特殊的环境中，那些被遗弃的儿童在野生动物中间活了下
来。当人们找到他们时，他们甚至到十二岁或十六岁还**不会说话**。没有一
个儿童会喊出和他们生活在一起的动物的叫声，尽管他们在某种意义上被
这些动物"收养"。著名的阿维龙野孩（savage of Aveyron）在被法国医生
伊塔（Itard）[①] 发现时根本不会说话。后来，伊塔在对阿维龙野孩进行了教
育后，却发现这个男孩既不聋也不哑。事实上，他学会了说法语，也学会
了阅读和书写。以前他只是表面上的聋和哑，仅仅是因为他一直生活在远
离人类——远离会讲话的人类的环境中。

所以，语言是儿童由自身开始发展的。当然，他是在自然状态下发展的，
而这仅仅意味着他继承了发展语言的能力。然而，儿童自身内部发展的正
是从环境中汲取的。令人更感兴趣的是，近年来，一些心理学研究是建立

81

---

① 伊塔（1775—1838），法国医生。主要著作有《阿维龙野孩的初步发展》。——译者注

在对儿童语言发展的正确观察的基础上的。儿童获得语言是通过语法形式进行的，当然它是无意识地进行的。尽管人类的幼儿有很长时间明显缺乏活动能力，但在大约两年零三个月的时候，他们会突然展现出一种现象——会讲某种完整的语言了。

虽然儿童在很长一段时间里不会表达自己，但其自身内部在发育成长。实际上，他是在无意识的神秘状态下构建一个完整的语言体系的，将单词按照语法规则排列以便用来表达思想。这样的儿童有可能获得所有的语言。从简单的语言，如某些非洲部落所讲的语言，到最复杂的语言，如德语或俄语，所有这些儿童在相同的时间里都可以正确地学会。现在，无论哪个种族的儿童，一般在两岁时开始讲话，可以肯定他们过去也是这样的。所以，古代罗马时期的儿童必须会讲有很复杂的格和词尾变化的拉丁语，可是这些格和词尾变化给现今需要在中学学习拉丁语的年轻人带来了很大的麻烦。在古印度，儿童必须会讲梵语，而这对今天的学生来说几乎比登天还难。 82

对我们来说，学习印度南部的泰米尔语是十分困难的。这种语言有我们几乎觉察不到的发音和音调，把音发得高一点或低一点就会改变句子的意思。然而，印度村落里或平原上的儿童在两岁时就会讲泰米尔语。

同样，那些学习意大利语的人所遇到的困难之一就是要记住名词的性，这是因为不仅没有严格的规则来确定它，而且许多名词单数时为阳性而复数时为阴性或者正好相反。因此，对于学习意大利语的外国人来说，不犯错误是不可能的。有时，那些对意大利语有真正研究并已掌握它的所有规则和发音的人仍然会听到这样的问话："您讲话有外国口音——您是哪国人？"

儿童早期获得的语言明显是无法模仿的。它是我们的"母语"。它既是无知儿童的语言，又是学者的语言。母语对于每一个拥有它的个人来说，

其发音、语调和语法结构都是独一无二的。它可以指出一个人从哪个国家
来、属于哪个种族，就如同通过一个人的肤色或体格来进行识别一样。

这些不同的语言是如何被固定下来，即这些语言是如何被无数代人构
建以及它们的发音又是如何通过人类的思考而发展的呢？可以肯定，既不
是因为儿童有意识地重视它们，也不是因为儿童用心地去研究它们。人的
语言能力是遗传的特性，但任何一种特殊语言都不是靠遗传来传递的。那
么，到底是什么被传递了呢？

我们可以把星云与以其为发源的天体做一比较。这些星云原本几乎是
一块一块质量很轻的稀薄气体，性质极不稳定，然而，这些气体慢慢开始
凝固，并转化成星体和恒星。

如果在比较中我们假设有语言的遗传性，那么，它应该就像一块不稳
定的、沉默的星云，然而，没有这样的星云，就没有发展任何语言的可能性。
星云就像神秘的潜能，如同胚胎细胞中的那些基因，具有引导未来组织构
成结构复杂而完整的既定器官的能力。

精神的胚胎

我们可不可以把仅仅外观看上去缺乏精神活力的儿童称为精神的胚胎
呢？在这种胚胎中，人的精神力量和器官正在不断发展吗？实际上，人是
一种胚胎，其中存在着类似星云的物质。这种物质肯定具有自然发展的能力，
但只是以某种具有各种不同类型文明的环境为依托的。这就是为什么人的
胚胎必须在它尚未完全发育之前产生，而且为什么只有在诞生之后才能进
一步发育的原因，因此，人的潜能必须通过环境的刺激才能得到发展。

在人的精神胚胎的形成过程中将会出现许多"内在因素的影响"，正
如在人的身体发育过程中会受到各种"内在因素的影响"一样，在这个过

程中尤其是依靠基因（即各种荷尔蒙）的影响，然而，在精神的胚胎中，存在着起指导作用的**敏感性**。对感官的研究表明，就语言而言，听觉似乎是生命的头几周发育最少的。但是，构成词的最为复杂的语音则必须通过这种感觉才能接收到。因此，耳朵作为一种感觉器官好像并不是仅仅用于听觉的，它还受到特有的敏感性的指导，这些敏感性仅仅从环境中收集人类语言的声音。这些声音不仅被听到了，而且还引起声带精细纤维的运动神经性反应，如舌、嘴唇等活动。因此，在所有的肌肉纤维中，只有语言器官的纤维可以被激起发出这些声音。而且，这一点并不是马上就可以显现出来的，而是需要积聚到语言产生时为止。这就像胚胎在子宫里不断地形成，却没有任何的活动，但到了某个特定时刻受到刺激才来到世上，突然开始活动起来。

当然，这些都是假设，但事实是：受到创造性力量的引导，幼儿不仅得到了内在发展，而且这些内在发展在其外部特征显现出来前已达到成熟的阶段。

当这些内在发展最终显现出来时，就构成了人的个体特征。　85

有吸收力的心理

当然，这些复杂的过程并不完全遵循在成人心理中已形成的步骤。儿童学习语言不像我们成人有意识地努力学习一门外语一样。他还没有获得一个正确的、固定的和绝妙的构件，就如构成整个机体的一个器官的胚胎构件。

幼儿处在一种无意识的心理状态，但这种心理状态是具有创造性的。我们称之为"有吸收力的心理"。这种"有吸收力的心理"并非自发形成的，而是根据"内在敏感性"的引导形成的。"内在敏感性"又被称为"敏感期"，只能持续一段时间，也就是说，到自然发展实现为止。因此，如果语言的"星云"在它的发展过程中遇到障碍而且构建听觉的敏感性没有起作用的话，那么，就可能产生聋哑人，尽管其听觉和语言器官是完全正常的。

显而易见，在人的心理"创造"过程中必定有其神秘之处。如果我们成人是依靠注意力、意志力和心智学习一切东西，那么，儿童如何能担负起这一伟大的建构任务呢？此时，儿童还没有被赋予心智、意志力和注意力。显然，其自身内部有一个与我们完全不同的心理活动在起作用，所以，与有意识的感知、思维和意志不同的心理活动的确能在无意识的状态下存在。

我们可以把学习某种语言作为最恰当的例子来说明这种心理差异，因为语言自身非常适合于通过直接和详细的观察来学习。

因为潜意识心理并没有显示我们在学习各种不同语言时所遇到的任何困难，所以，使我们在学习一些语言时非常容易，而在学习其他一些语言时则很困难。显然，正是这种对困难没有意识的状态逐渐消除了克服这些困难所需要的过程。这样，整个语言就被全盘接受了，并且总是在同一时期被接受了，根本没有考虑它的简单或复杂。这种完全掌握一种语言的能力不能与学习语言时记忆所发挥的作用相比，也无须看成记忆力，而缺乏这种能力正是成人很容易遗忘短暂记忆的东西的原因。在无意识活动时期，语言永恒地印刻在人的心里，并成为人的一个特征。没有任何一种语言会像母语一样成为你的特有语言（尽管你想这样），而且没有人敢确定他所掌握的其他语言能像他掌握的母语那样确定。

这种情况和成人有意识地去学习一种语言是非常不同的。显然，学习一种原始的、语法简单的语言，诸如中非民族的一些语言，那是非常容易的。这些语言常常被那些漂洋过海和横穿沙漠到处传教的传教士所掌握，相反，学习一门复杂的语言，诸如拉丁语、德语或梵语，那就很困难了。学生要花四五年甚至八年时间来学习这些语言，到时还不能完全掌握。一种现存的外国语是永远也不能完全掌握的——出现的一些语法错误或"外国口音"表明他讲的不是母语，而且，这种外语如果不经常练习，就很容易忘记。

任何人的母语不是寄托于有意识的记忆，而是存储于类似现代心理学家、生物学家和精神分析学家称之为"记忆基质"或"核心记忆"的不同记忆之中。一些人认为，这种记忆包含了通过遗传而无限期地传递的信息，被称为"维持生命所必需的能量"。

或许，一个浅显的比较将能说明这种区别。我们拿一张照片和手工复制品相比较，换句话说，就是用一张照片和通过书写、绘制或绘画复制的图片进行比较。一架有感光胶片的相机，瞬间就会摄入一切通过光线进入镜头的事物。拍一张整个森林的照片和拍一张孤零零的一棵树的照片所花的力气没什么两样。一群人和他们身后的背景可以轻而易举地拍成一个画面。无论景色多么复杂，相机的拍摄方式是一样的，瞬间的闪光是一样的——顷刻间相机的快门打开，光线射入镜头，胶片曝光。不管是想拍摄只有书名的书的封面，还是想拍摄印刷精美的一面正页，任何人拍摄的方法都是一样的，所花的时间都是相同的，产生的效果也都是一样的。

另一方面，如果任何人想画一幅画，其难易度取决于所选的题材。画一幅侧面像所需的时间，与画一幅全身像或一组人像或一幅风景画的时间是截然不同的，而且，即使我们想画一幅详尽的画，也是绝对办不到的。如果要一份涉及一个人的证据或身份的法律文件，那我们宁愿要照片，也不要画的画。同样，复制一本书的书名可以说是轻而易举的，但如果要复制写满密密麻麻的字的一页纸就没有那么容易了。当我们手工做一件事情时，缓慢的进展表明我们有疲劳感，并且已经付出了不少努力。但是，相机在拍照后一如既往，并没显示出刚刚发生的一切。要获得照片，胶片必

88

须在暗室中冲洗，并放在化学试剂中定影，与拍照时的光线没有关系。一旦定影后，胶片才可以冲洗并曝光，这样胶片的影像就不会再消失，而且能复制出被拍摄物体的所有细节。

看起来，"有吸收力的心理"仿佛也是以相同方式运作的。同样，在无意识的黑暗中肯定隐藏着影像并须靠神秘的敏感性定影，但外观并没有显示出任何东西。只有在完成这一神奇的现象后，创造性的获得才能在有意识的光明中得以实现，而且所获得的所有细节永远不会消失。就拿语言来说，我们注意到儿童的语言能力在他两岁后不久会出现爆炸式的提高，特有的发音、词的前缀和后缀、词尾变化、动词的构成以及句子的句法结构此时都出现了。这就是永恒的母语，后来成了一个种族的特征。

这种"有吸收力的心理"确实是上苍赐予人类的一个神奇礼物！

仅仅通过"生活"和没有任何有意识的努力，个人就从周围环境中汲取了像语言这样极为复杂的文化成就。如果成年人还有这种基本的心理形式的话，那么，我们的学习该是多么容易啊！让我们想象一下，我们能去另外一个世界，诸如木星，我们将发现那里的人仅仅是到处走走和好好活着，没有经过任何学习就能获得所有的科学知识，没有经过任何明显的训练就能获得技能，我们肯定会大声惊呼："这是一个多么伟大而幸运的奇迹啊！"而这种令人称奇的心理形式的确存在着，那就是，幼儿的心理展示了这一深藏在神秘的和创造的无意识中的现象。

语言是人类经过多少世纪的心智努力、为了正确表达思想而形成的声音组合。如果在语言方面发生了这种情况，那么人们就可以容易地认识到，区别种族之间的其他特征肯定同样印刻在儿童的身上。这些特征包括风俗习惯、偏见和情感以及所有我们通常认为在自己身上具体表现出的特征——这些都是我们的特征的一部分，甚至即使我们的智力、逻辑和理智可能会发生某些变化，但这些特征也不会改变。我记得，甘地（M. K. Gandhi）①曾经说过："我可以赞同并跟随西方人的许多风俗习惯，但我永远也消除不了我心灵中对牛的崇拜。"可能很多人会想："是的，我的宗教信仰从逻辑上来看显得很荒谬，但是，它是我的一部分；此外，我还有一种向圣像奉献的神秘感情——一种求助于神灵保佑的需要。"那些在禁忌词的影响下长大的人，即使他们以后成了博士也难以将这种影响抹去。儿童确实构建起一些东西。他自身通过一种心理模仿的形式复制其环境中的人们的各种特征，因此，在成长发展过程中，儿童不仅仅成为一个人，而且成为他种族的一个人。

综上所述，我们已论及一种对人类至关重要的心理秘密，即适应的秘密。

适应

正如进化理论所指出的，适应的结果是使人产生有别于其他物种的特征，直到这些特征固定下来并通过遗传的方法不加改变地传递下去。

人必须使自己适应环境中的各种条件和状况，决不能让自己固守在自己的习惯之中，因为他在文明历史的长河中不断地进化。所以，人必须具有一种迅速行动的"适应能力"，以取代心灵里的遗传因素。尽管事实已充分证明，地球上所有的地域，无论处在何种纬度和水平线上，无论在海洋上还是在最高的山峰上，都有人的存在，但这种适应能力并不属于成人。一旦成人身上的种族特征形成了，他的适应能力就很难起作用了。他只能在那个特定的地域很好地生活，而且只有当他全身心地投入和他自己身上

91

---

① 甘地（1869—1948），印度民族运动领袖。——译者注

的特征相协调的环境里时，他才感到幸福。

一个成人移民或生活在与自己习俗不同的人中间并适应了这样的环境，这是他自身**努力**的结果，而且往往是非常艰辛的努力的结果。探险家们都是英雄，这些人在远离他们自己生活中心的地方生活，实际上就是离乡背井的人。

人一旦使自己适应了环境，就只有在自己的生活圈内才感到快乐，尤其是圈内的各种条件都是由他自己的族群创建的。爱斯基摩人（Eskimo）[①] 能体会到北极圈环境的魅力之所在，就如同埃塞俄比亚人被丛林所深深吸引一样。住在海边的人会被大海迷住，而生活在沙漠上的人面对着干燥和无垠的荒原会产生诗一般的享受。那些不能**适应**环境的人们会因此而遭受磨难。传教士们把他们自己的生活看成是一种献身。

儿童是这样的一种"工具"，他不仅让每个人热爱他自己所生活的地球和依附于他自己民族的风俗习惯，而且出于同样的原因，儿童也是使人类驶入文明发展长河的载体。每个人都能适应他所处的时代并且生活得很好。如果说我们这些人难以适应一千年前的生活方式，那么，那个时代的人也难以适应我们今天嘈杂匆促的生活方式，因为那时还没有机器或快速的交通工具。他会被人类通过发明所创造的奇迹吓得目瞪口呆，而与此同时我们则会在自己的环境中找到乐趣，或者换句话说，找到生活的安逸与舒适。

这种基本的适应机制既简单又明白——儿童把他在自己周围所发现的一切深深烙印在自己生活的环境中，并把自己构建成为一个能适应这种环境的人。为了实现这一功能，儿童度过了精神胚胎形成的最初阶段，而这

---

① 爱斯基摩人，现一般称因纽特（Inuit）人，生活在西半球北极与亚北极的土著。——译者注

种阶段只有人类才有。在这个时期，儿童以一种隐秘的方式生活，展现出的是一个没有什么知识和活动能力的人。

只是从本世纪^①前十年起，人们才开始了对儿童的研究。所有的研究者都得出这样的结论：人的生命前两年是最重要的，因为在这个时期，标识人类个性的基本特征已经形成。尽管新生儿一无所有，甚至没有自主活动的能力，但是，两岁儿童能够说话、奔跑、理解和识别周围环境中的事物。人类的幼儿期在游戏中不断地延续，最终有一天他可以将他自己的无意识创造组织起来，并使之变成有意识的东西。

生命可以分成一些有意义的阶段。每一个阶段都在构建某些特性，这种构建是由自然法则所引导的。

如果我们不尊重这些自然法则，那么，个人的构建就会变得不正常，甚至是畸形的。如果我们关心这些自然法则，积极去发现这些自然法则并与之合作，那么，一些我们以前从未怀疑过的、未知的和令人感到惊讶的个性特征就会浮现出来。我们会逐步认清这些自然法则中存在的内在的神秘功能，这些内在功能将引导人类的精神世界的发展。

儿童所拥有的伟大力量是我们成人尚未使用过的。

在现今的文明社会，即将发生的危险之一就是我们在教育儿童时*违背自然法则*，在共同偏见的错误引导下窒息和扭曲儿童的个性。

与世界接触

与此同时，可以得出以下合乎逻辑的结论：如果儿童从一出生时就依靠其环境来创造他的个性，那就必须让他与*世界*接触，与人类的外界生活

---

① 指20世纪。——译者注

接触。他必须参与成人的生活，或者最好与成人的生活接触。如果儿童必须体现出其民族的语言能力，那他就应该听他们讲话和参与他们的谈话。如果他要使自己适应环境，那他就必须参与公共生活，观察构成其民族特征的风俗习惯等。

这是一个多么奇怪和令人印象深刻的结论啊！如果一个儿童在幼儿园里成为孤独者，脱离了社会生活，那么最后的结果将是，他会感到压抑、身心发育不全并导致畸形。最终，这个儿童将会变得不正常和**不具备**适应的能力，因为他已经被剥夺了实现这一重要功能的必要手段！

该不该带一个既不会说话又不会行走的幼儿进入社会、参加公共聚会以及加入成人的生活呢？谁敢提出这样的建议来彻底扭转我们当代人的各种偏见呢？

我们今天甚至面临这样的事实，即我们周围出现了越来越多的问题儿童、智力迟钝儿童、缺乏个性和主动性的儿童、语言能力差和说话迟疑结巴的儿童以及各方面发展不均衡的儿童，而成人也由于其心理不正常造成的社会生活障碍而饱受痛苦——尽管人们为此对儿童的健康付出极大的关爱，并且几乎不间断地让儿童睡觉——但是，面对这样的情况，许多人回答说：“这些事情的确是危险的，但你的治疗法也是荒谬的！”

那就让我们求助于自然吧！因为如果这种独创的适应能力是新生儿的一种重要的社会能力，那么，自然一定会为保护和促进这种适应能力做好准备。

就我们的观察而言，在一种自然的和原始的生命形式中，确实存在着我们所提倡的那种形式。新生儿、幼儿和**精神胚胎**必须从他们的环境中准备和构建符合其种族的特征，一直参与成人的社会生活。母亲抱着儿童，走到哪里带到哪里。农村妇女下田带着儿童，上市场带着儿童，去教堂带着儿童，与邻居聊天也带着儿童。

哺乳期是维系母亲与精神胚胎的纽带。这种情况是所有的种族所共有的，而且，母亲抱儿童的方式，例如，腾出手来干活，不同的民族也有其自己的特征。爱斯基摩人的母亲是背着儿童的；日本人的母亲是把儿童绑在肩头的；印度人的母亲是将儿童托在臀部上的；而在瑞士的一些州，母亲是把孩子放在头顶上的。这些母亲完成了与心理天性有关的第二种自然功能。她们无意识地做了延续种族必须做的事情。母亲们做了各种事情，但绝不是"教育的改革者"。她们并不是自己孩子的教师。她们没有要求儿童对周围环境进行观察或学习。她们仅仅是"传递的工具"，对孩子观察的事物根本不放在心上。对于她们来说，就如同其他人的看法一样，儿童只不过是一个缺乏力量的生命，不会说话，不能从事心智活动或运动。这几乎可以称得上是自然界的一个慎重安排，因为母亲所观察到的东西并不是儿童所观察到的东西，反之亦然。

在一群原始人中间，我们可以观察到这样一些有趣的事实，即在一个农村集市上，到处都是人、牲畜以及各种商品、水果、布匹等，人们在谈论着生意。我们在那里可以看到，一个正在吃奶的婴孩（一个襁褓里的婴孩）是如何带着陌生的眼神观察各种事物的。他看到了周围环境的方方面面，而这时他母亲停下脚步要买东西并和他人讲话。这样的一个完整世界，没有引起母亲的注意，却引起了孩子的注意。母亲挑着她要买的水果，孩子看到来回走动的一条狗或一头驴，其注意力就被吸引过去了。母亲和孩子的兴趣是完全不同的。实际上，孩子经常这样被母亲带着或依附着母亲，他所看的方面正好与母亲截然相反。母亲的大多数朋友见到她都会停下来对她的孩子说点好听的话，无意中就让孩子重复听到了许多语言。

在一些原始种族中，哺乳期很长，要持续一年多甚至两年时间。在这个重要的时期，儿童征服了环境。对于儿童来说，喂这么长时间的奶实在没有必要，但是母亲出于爱的本能舍不得离开儿童，于是一直带着他，尽管他的体重在自然地增加。

一位法国传教士专门研究了中非的班图人的风俗习惯，对班图人的母亲从来没有想过将儿童与她们自己分离的情况感到惊讶。这些母亲把儿童看成是她们自己的一部分。在参加一个庄严的皇家就职仪式时，这位传教士看见女王到达时手里正抱着孩子，接受最高统治者的荣誉，而那个孩子却一刻也没有离开过她。这位传教士还惊讶地发现，班图人妇女给孩子喂奶的时间很长，一般要延续整整两年。换句话说，这样长的哺乳期是现代心理学家们最为感兴趣的一个时期。

这些自然风俗习惯肯定不能被看作是具有革命性的。我们带着羡慕的心情观察这些风俗习惯，因为这些儿童没有受到外界的任何干扰，其恬静性格的发展没有遇到任何障碍，也不像我们的儿童出现"这样或那样的问题"，这应该归功于他们的母亲。所有的秘密也就在于这两个词——乳汁和母爱。

自然，绝妙的自然，必然是构建一种更完美的**超自然**的基础。可以肯定的是，进步肯定能够**超越**自然而采用各种形式——然而，进步决不会以践踏自然的方式进行。

这些要点为那些通常的观点，即"教育应该始于诞生时"，开创了一条务实的道路，尽管这些观点已经开始对我们的科学界产生影响。

结论

人不是一个仅仅依靠物质营养而生活的躯体，也不是命中注定就只受制于肉欲情感的生命。人是自然赋予他智慧的高级生物，注定要在世上从事一项伟业。他必须改变世界、征服世界和利用世界，建造一个充满惊奇的和超越自然界奇迹的新世界。正是人创造了文明社会。这项工程是无限的，是人的肢体需完成的目标。从在世上诞生起，人一直就是一个辛勤的耕耘者。

人所留下来的最古老的成就就是根据自己的需求打磨的石器，这将为人类带来无限的发展空间。从此，人类成为宇宙中所有生命的主宰者、一切物质的支配者和一切活力的拥有者。所以，对于人类来说，儿童似乎天生就应该从适应环境开始，并通过工作的方法和逐步体验其周围环境来完成他的发展。他首先是通过无意识的汲取，继而是通过直接指向外在事物的活动来培育和发展他的人的特性。他建构了自己，通过丰富自己的精神世界来形成自己的特征。

如果把发展只局限于身体的发育，那么，儿童就会因为是一个心理饥饿者而受到责难，这种责难给他带来的心灵伤痕将永远不会被抚平。他将承受"心理营养不良"的严重后果。人的特性通常不会在其自身内部发展。

迄今为止，只有少数人意识到，现代儿童在其生命的最初几年表现出明显的心理异常是由两个原因造成的：一是"心理营养不良"，二是"缺乏心智和自发性活动"。换句话说，现代儿童在至关重要的活力上受到了束缚，而这种活力注定会推动人的心灵发展。这些心理异常是由于指导儿童逐步成长发展的法则受到破坏而引起的。

文明世界已成为所有被放逐的人的一个巨大的集中营，在那里所有人的创造性冲动被抑制、轻视和消除。这种创造性冲动源于赋予人类以生命的刺激物，即每个人都有权利在爱他的那些人中间找到的那种刺激物。

上述含糊的表达可以具体解释为："人自诞生起就必须接受一种新的教育。教育必须重新进行构建，它应以自然法则为基础，而不是以成人事

98

99

先形成的观念和偏见为基础。"

对于人类来说，现今教育从整体上来看并不是基于科学的方法，因为今天我们对待"新生儿"的方式仅仅是依赖于卫生健康条件是否合适，即是否提供良好的营养，特别是人工食品。这有助于把孩子从母亲身边移走，母亲也欣然同意由于自己没有足够的奶水喂养孩子，而把孩子独自放在托儿所，交给对他根本没有母爱的陌生女子照看。婴儿被迫睡在人为的黑暗中，以避开阳光的直射。在将婴儿带到户外时，也是让他躺在有遮盖的婴儿车里被推着走，因而他看不到东西。一路上，婴儿只能看到眼前的保育员。保育员属于"护理员"一类，通常年纪比较大，因为人们想当然地认为年长妇女在照看婴儿方面更有经验。这样，年轻漂亮的母亲那张充满爱心的面孔对婴儿来说反而成为陌生的了。婴儿成了一种植物体。一些医学专家和心理医生甚至大胆地说：这些婴儿成了一种"消化的试管"。由于让婴儿睡觉要保持安静，人们在那里被禁止讲话。人们对这种"消化的试管"进行了大量的研究。给婴儿严格配制食物，并测定其数量和质量，定期检查测量婴儿的体重以跟踪其发展过程。爱抚的行为，也就是一位母亲本能地抚摸孩子四肢的行为被放弃了。然而，这种抚摸是一种自然的激发，对生命的一种刺激，对意识的一种呼唤——是一种微妙的肌肉按摩，尽管肌肉尚处于不活动的状态。在婴儿的自发活动还没有得到发展时，这种被动锻炼的方法是必要的。

这真是一种奇怪的情形！如果母亲对孩子的抚爱以及孩子与母亲的接触是有危险的和不适当的，如果这些行为引起了这个刚刚来到世上的人的情欲，那么，上述做法将是令人感到恐怖的。但是，没有这些抚爱，儿童可能会失去他们自己的个性，在他诞生的那个纷繁复杂世界里失去自己的适应能力和方向感。

　　因此，重要的是，社会应该从这些根深蒂固的错误中觉醒过来，解放这些在文明社会中被错误引导的囚徒。社会必须为儿童准备一个他们可以适应并满足其最高需求的，也就是心理活动所需求的**环境**。

　　为了重建这个社会，需要完成的最紧迫的任务之一就是重建教育。这一目标必须通过为儿童提供一个适应其生活的环境来实现。最重要的环境就是我们的周围世界和其他的环境，例如，家庭环境和学校环境。这些环境必须与儿童的那些创造性冲动相对应，并能满足这些创造性冲动。只要遵循宇宙法则的指引，这样的创造性冲动将会实现人的完美目标。

　　当偏见被知识战胜时，世界上将会出现一个"优异儿童"（superior child），他的神奇力量现今仍然是一个不解之谜。命运注定这个儿童将成为能够理解和管理我们现代文明社会的人。

第三部分　人类世界的文盲问题

103　　在我们这样一个充满活力的新时代，文盲问题再一次作为一个非常严重的问题被提出来。这个问题不再像过去一样通过编制冷漠的统计数据和描绘说明文盲比例的地域图来进行分析。迄今为止，甚至在欧洲国家和美国依然存在文盲，只是比例不同而已。

　　自第二次世界大战以来，一些社会问题得到了广泛的研究，超越了国家甚至各大洲的界限，超越了某些具有相同种族和文明的地区，一直扩展到整个世界。第二次世界大战的结果是：被称为"东方人"的亚洲人已进入了西方人的社会利益领域，这使人们清楚地意识到世界上各民族是紧密

104　相连的。一些历史事件发生了，例如，印度和其他亚洲国家的独立，以及与此同时人们借助于教育实现所有人的利益，这种努力得到普遍理解，从而把文盲问题作为当代最为紧迫的问题之一来看待。现在的情况是，一方面世界上有成千上万的文盲，另一方面各大洲工业文明的产品和机器设备正得到广泛使用，这显示出人类物质进步和道德进步之间存在着的鲜明对

比，造成了世界范围内的不平衡。事实上，联合国教科文组织（UNESCO）[①]也把教育研究作为建立各民族进一步和睦关系的必要的务实手段，其中将扫除文盲运动放在首位。

教育问题肯定不同于文盲问题——的确，它们是很不相同的。教育涉及人类精神的形成和智力的提升，其目的在于使人类适应"新世界"的变化情况。直到现在，这个"新世界"依然是单调呆板、毫无准备和无意识的。然而，这种教育必须通过阅读和书写的手段进行普及，正如火车必须通过铁路网而运行一样。

因此，印度独立后把国民教育看作一个最紧要的任务。

在解决了所有人的温饱问题后，紧接着就是为所有儿童提供学校和为成人提供文化场所。一些东方国家的政府认识到，文盲是一个需要解决的根本问题。

一个半世纪之前，在欧洲国家和美国也曾出现类似的文盲问题。他们 105 认定，文盲和愚昧应该通过传授英语中所称的"三R"——阅读、书写和计算——特别是阅读和书写来逐步加以消除。

然而不久，在试图消除文盲的道路上就遇到了巨大的障碍，因为没有前人的经验可以指明前进的道路，结果犯了许多错误。一些东方国家可能认为它们是幸运的，因为无论障碍还是错误，现在它们都可以避免！因为西方国家取得的经验对它们有着很大的参考价值。前进的道路已被指明，它们就可以加快步伐朝着理想的目标前进。

[①] 联合国教科文组织，全称"联合国教育、科学及文化组织"，联合国专门机构之一。1946年成立。总部设在巴黎。其宗旨是：推动世界各国在教育、科学及文化方面的合作，促进各国人民之间的互相了解，维护世界和平与稳定。——译者注

童年的教育

在欧洲，在迅速而全面实施儿童教育的过程中，由于没有经验而造成的错误很快就反映在儿童身上。儿童成了某种奴隶制度的牺牲品，这是人类历史上前所未有的。

没有多少人知道，实现这个宏大的社会工程的第一次冲动是由开启欧洲新纪元的革命引起的。事实上，它标志着伟大的科学发明和机器在更大范围使用的开始。

1789年的法国革命呈现出一个奇怪现象。在这场广受关注、充满暴力的起义中，参加起义的人们自己诉求：在人权中应该包括使用高级语言——书面语的权利。这是一个奇特的和前所未有的诉求。它与反对压迫和奴役民众的起义没有什么关系。因此，人们不仅仅要求面包和工作（正如他们后来遵循马克思的教导所做的那样），也不仅仅把自己的诉求局限在社会等级的改变和执政党政府的换届上。这些诉求再次证明，人拥有接受教育的权利，其目的是能够利用1791年批准的《人权与公民权宣言》(*The Declaration of the Rights of Man and of the Citizen*) 中第11条款的规定。该条款规定："自由地交流思想和言论是最为宝贵的人权之一。因此，每个公民可以拥有言论、书写和出版的自由。"可以肯定，人民要求得到学习新知识的机会而不是减少工作强度的例子确实是很少的，因为得到这样的学习要求个人做出努力并付出代价。

在人们看来，这种愿望产生的意义要比意欲打破专制统治枷锁的意义大得多。实际上，建立一种新的社会生活准则和推翻帝王统治只需要三年时间，但向所有大众传播书面语言知识则需要一百年。

尽管战争的口号是"争取自由"，但要获得阅读和书写能力不是靠"自由"就可以做到的，因为人们发现强迫是必需的。真正完成这项巨大任务不需要摧毁一个奴役人们的王朝，它实际上是征服了另一个王朝，即法兰西第一帝国的王朝。法国革命的卫道士拿破仑（Napoleon）[①]通过防止重新建立旧的政权而向民众注入了新的力量，领导民众坚定地走向新的生活。在他的魅力的感召下，法国民众如波涛汹涌浪潮般地打破了几百年的枷锁统治。他的史诗般成就带来的是唯一真正的征服，也就是延续到今天的成就——依据人权提升了国民的文化水平。

107

随着《拿破仑法典》（*the Code of Napoleon*）的颁布，义务教育第一次以国家立法的形式出现。由于拿破仑将该法典强加在欧洲各民族身上，使得这一教育准则在大规模的破坏性战争结束伊始不仅征服了法国，而且征服了整个法兰西帝国。

义务教育制度在欧洲许多国家都建立起来了。不久，这种义务教育制度传到了美国。从此，消灭文盲这项缓慢而艰巨的任务开始启动了。那时候，所有文明国家都开始实施了义务教育。

民众教育在人类历史上开创了新的篇章，并不断得到发展和壮大。民众教育的实施也证明，它是一项需要每个人都付出努力的任务，也是一项要交给儿童来完成的任务。

19世纪最初几年，儿童在人类文明的进步中作为一个积极因素走进了历史。然而，与此同时，儿童又是一个牺牲品。他不会像成人那样理解这种征服对社会生活的必要性。从六岁开始，儿童们只能感受到童年充满被囚禁的痛苦以及被强迫学习字母和书写的奴役。这是一项枯燥乏味的任务，儿童难以理解它的重要性以及它对未来的好处。儿童被迫坐在笨重的课桌旁，不断被惩罚驱使着，不得不在胁迫下进行学习，因而儿童牺牲的不仅是自己的柔弱身体，而且还有自己的个性。

---

① 拿破仑（1769—1821），法国政治家和军事家，法兰西第一帝国皇帝。——译者注

108   因此，对于人类来说，这永远是一段痛苦的历史。所有伟大的征服都是依靠奴役来完成的。埃及宏伟的金字塔，罗马帝国的跨海扩张，所有这一切都必须以牺牲人为代价，依靠的是用鞭子强迫奴隶搬运巨石和拉动滑轮。同样，对于这种为了获得广泛使用的阅读和书写能力而进行更高智力上的新的征服，人类也需要奴隶，而这些奴隶就是儿童。

20世纪初，为了改善儿童被判处"苦役"的状况而开始了一场运动。然而，无论在这方面取得多少成就，今天的儿童依然没有获得他的自然人权所需要的关注。

人们至今还没有充分认识到，在校读书的儿童是一个具有潜能的"人"，他的价值并不仅仅在于做一个工具，人们通过他可以达到更高的文化层次、实现国家的目标以及为社会获得实际好处。儿童应该有"自己的价值"。如果人性必须得到完善，那么儿童就必须得到更好的理解，必须受到尊重、得到帮助。事实上，如果仍然会出现不平衡的发展和不和谐的环境，那么人性的未来将会和今天一样是不完美的，因为这些因素正阻碍人性坚持在进步的道路上前进。今天，在我们这个时代所发生的一系列不幸事件表明了这一点。所以，培养人自身的活力是刻不容缓和至关重要的。

109   今天，在那些刚刚开始实施义务教育的国家里，可以充分利用过去的经验，从而使一切可以从一个更高的层次上开始。儿童必须不再被认为是奴隶，而被认为是进步的工具，他们肩负着文明进步的重担。教育必须以帮助儿童自身发展为目标，使他们成为人类发展的具有潜力的后备军。

了解儿童的需求以及给予儿童生活所必需的帮助，应该是现代教育需要解决的最根本的问题。

"儿童的需求"不仅仅包括他身体上的那些需求。作为人，儿童在智力上和个性上的需求同样是紧迫的和重要的。愚昧无知对人的致命程度甚至比营养不良或生活贫穷对人的危害更大。

许多人认为，尊重儿童以及关心儿童的身体健康意味着，让儿童独自待着，没有任何活动能力，没有任何心智活动，相反，当以自然的活力作为基础，也就是说，当教育计划遵循有关人的发展的特殊心理学时，我们所得到的不仅是迅速而广泛的进步，而且是实现了个人发展的价值。

我们文明的进步是以科学为基础的，由此教育也必须以科学为基础进行规划。

学会阅读和书写是义务教育的开始，也是义务教育的基础，因此，阅读和书写被认为是最先教的课程。然而，必须把阅读和书写与文化的其他内容区别开来。掌握书写技巧不仅仅是一种技能，它表示掌握了一种带有自然形式的高级语言形式。书面语与口语相辅相成，并构成一个整体。每个人的口语能力发展是非常自然的。人没有口语会很痛苦，会割断与社会的联系，成了聋子和瞎子。语言是人类区别于动物的基本特征之一。它是大自然仅仅赋予人类的一个礼物，也是人类表达自己智慧的一种形式。

如果人类不能够理解和传达思想，那么智慧的目的将是什么呢？没有语言，一个人将如何与其他人合作开展工作并完成共同的事业呢？

口语就像呼吸的空气一样，只会传到接近它的耳朵里，所以人类从远古时代开始就在寻找可以把思想传播到很远的地方并能记住的方法。人们在岩石上凿刻各种图形或在兽皮上书写，通过这些尝试，再经过许许多多的变化，人们逐渐发明了字母表。这是一个具有重大意义的成就。迪林格（D. Diringer）[①]1949在《字母表》（*The Alphabet*）一书中写道："对于文明进步来说，这样的征服是比任何其他的征服都更伟大和更重要，因为它使我们

① 迪林格（1900—1975），英国语言学家和作家。——译者注

110

111 能够把无数代人在历史发展长河中整个人类思想聚集在一起。字母表不仅涉及这种外在的发展，而且关系到人的天性，因为它通过增加语言表达的其他形式使这种自然语言得到完善。"

如果人类比没有发音语言的动物优越，那么，会阅读和书写的人就比仅仅会说的人优越。只有会书写的人才拥有我们这个时代的文化所必需的语言。因此，书面语不应该仅仅被看成是学校里所教的课程和文化的一部分，它更是**文明人的一个特征**。

我们时代的文明不可能在仅仅会口语的人中得到进步，所以，文盲成为文明进步的最大障碍。

最近，我偶尔听到下面这样一条消息：在中国，除蒋介石和共产主义者的运动外，有一位年轻人[①]开始发起了第三个运动。他把自己的智慧都投入到简化汉字的工作中去。他满足了他的国家的需求，但以前没有人完全理解他的做法。使用传统的汉字至少需要知道9000个字，这使得要消除民众中的文盲是不可能的。然而，正是这位年轻人，尽管没有给中国带来什么新的思想、新的政府模式或更好的经济条件，甚至没有提到自由，但依然赢得了很大的声誉。

112 显然，他是中国人民的一位伟大的造福者，他感受到自己需要加入到世界的进步中来。这种进步只有通过发展人的个性才能实现。中国人民感到，他们首要的和基本的权利是拥有作为文明人所必需的书面语和口语这两种语言的权利。拥有这两种语言是起点，文化将会随之而来。

所以，有必要使学校认识到这两点：一方面，掌握这两种语言是与人的形成紧密相连的；另一方面，获得文化是第二阶段的工作。

---

① 指中国近代学者和教育家胡适。——译者注

鉴于此，我想把从研究儿童中所获得的经验加以概述，因为这可能会对那些努力消除文盲的人们有很大的帮助。**四岁儿童学习书面语要比六岁儿童容易得多——而六岁这个年龄通常是开始接受义务教育的时候**。六岁儿童至少需要两年时间才能学会如何书写，而且会遇到很多困难以及违背天性的问题，而对四岁儿童来说学会这种书面语只需几个月的时间。

儿童不仅不费吹灰之力就可以学会书写，而且他们学习书写的热情很高。40多年前，一种现象激起了我献身教育的愿望，这就是四岁儿童的"书写爆发"所表现出的那种自发的现象。

下面我将试图讲述的这个事实具有重大的实际价值。如果所谓的义务教育确实是从六岁的不识字儿童开始，那么，他们将会遇到许多困难。因为在生命的这一时期中，它意味着浪费时间和精力去学习书写和阅读；它还意味着强迫使儿童在心理上进行一种枯燥乏味的努力，其结果是使他们对学习和所有的知识教育产生某种厌恶。

113

甚至在一个儿童开始用知识丰富他自己之前，上述情况就剥夺了他学习知识的欲望，相反，当六岁儿童已知道如何阅读和书写时，学校就可以立刻以一种轻松而有趣的方式教授他们文化知识，而儿童也会怀着极大的热情进入学习领域。

这种差异是根本性的。真正办得合理的现代学校能够从培养这些新儿童的过程中得到提升——也肯定能够依靠这些已掌握书面语和口语这两种语言的儿童，依靠这些已适应我们时代生活的优秀后代。

所有学校总是一开始先教阅读和书写，因为书面的东西组成了人类的知识。所以，它是一个逻辑程序。由于学校的目的是传授知识，因此，必须教给儿童使知识持久保存的手段。阅读和书写是打开人类巨大知识宝库的钥匙，而这些知识正是通过书写的手段收集、记录和积聚在书本上的。

然而，正如前面我所提到的，必须区别两件事情：一是书写，其本身就是一种技巧；二是知识。

自从字母表发明以来，书写已成为所有人可以做到的事情，而且经过简化，连儿童也可以书写了。

114　这种发明不仅简化了书写的形式，而且使书写本身人性化了，因为它已将书面语和口语两者直接连在一起，并使前者成为后者的补充。

口语是由为数不多的几个音组成的，因为这些音取决于本身有局限性的发音器官是否可能持续不断地运动。这些局限性对于整个人类来说都是一样的。在一些语言中，只使用24至26个基本的音；其他的语言可能多一些，但这些音总是有限的。另一方面，这些音的组合，即单词的数量是无限的，实际上也是如此。一种语言会因其无限的词汇而得以丰富。没有一本词典能把它们全部包容。没有一本词典能根据数学排列和组合定律包容字母和音节组合而成的单词。

用字母组成的书面语是通过代表组成单词的每个音的文字符号来表现的。其结果是这些符号的数量很少，它们和基本的音的数量相同。这种表现形式在所谓的拼音语言中得到了完善，而且，每种用字母组成的书面语或多或少是根据这一原理形成的。事实是，并非所有的字母符号在语音上都是与口语相对应的，这个难题是由于没有完全根据词义使用字母而造成的。然而，这个难题是可以解决的，将会使书写相应地变得更容易一点。实际上，毫无疑问，口语和其书面转换还处于发展的过程中，它们仍有待于完善。

115　这就是为什么学习书写应该从分析单词发音开始的原因。这是应该遵循的方法。

书写不应该从今天还在普通学校里使用的那些书本开始，而应该从有关音节和单词的那些入门书开始。

在学习书写时，正确使用字母表的方法应该是只提供字母本身的简单符号，这样做的目的是将那些字母和其代表的音直接联系起来。

还有，书面语的组合可以直接从我们记忆中的全部口语那里获得。这个程序是如此简单，它可以像魔术一样地学会书写。字母符号实际上是很简单的，既不复杂，数量也少，所有人都能记住。

通过逻辑推理可以得出这样的结论：如果使用这样的程序，书写的能力将会自发产生，并将会马上把每个人拥有的全部口语表示出来。

有了这样的方法，学习书写的问题就能十分容易地得到解决。儿童不仅可能用几个月时间就学会书写，而且书写的能力也可以*自然发展*，并随着注意力集中在这样的练习上而使书写逐渐变得更加完美。

字母表与口语是直接联系的，也就是说，可以通过*内在的途径*获得书写的技巧。书写的能力将通过我们分析每个人所拥有的单词以及每个人的心理活动加以获得，只要他感兴趣于这样的充满魔术魅力的征服。

如果学习书写是从书本开始的，也就是说是从阅读能力开始的（如果这些书本给的一些随意挑选的词组是必须学习的），那么困难就增加了。其结果将是学习了一门不相关联的语言——一门从无到有的和由毫无意义的音节或单词的解释派生出来的书面语。 116

这就好像尝试构建一种在人的生命初期襁褓阶段才有的、由一些毫无意义和含糊不清的音所组成的语言。所遵循的程序也类似于大自然所采用的程序，就像人的诞生一样，也像在一个没有智力和自发运动的生命体中形成发音清晰的语言一样。

然而，如果把字母表和口语联系起来，那么，整个过程就会变成人将自己的语言简单地用一些文字符号转换过来的过程。

因此，字母表总是与对智力来说有意义的单词联系在一起，书写的进步会因为自然的吸引力而发生。于是，所拥有的语言成了书面语和口语两个部分，并且以一种稳定的形式固定下来。眼睛和手会一起对依靠听觉器官和发音器官而自然地积累的宝库产生影响。不过，当口语像呼吸的空气一样消失后，书面语却成为永恒的物体在眼前固定下来，并且可以使用和研究。

正是由于字母表和语音的这种直接关系，可以说字母表代表了人类最伟大的发明之一。

117　字母表对于人类进步的影响超过了任何一种发明，因为它改变了人类自己，使他拥有了超越自然的新的力量。它使人类拥有了两种语言——自然的语言和超自然的语言。因为后者，人类能将其思想传送给遥远的人们，还能为他的后人将其固定下来。实际上，他能为整个人类建立起超越时间和空间的知识成果的宝库。

迪林格这样写道："令人惊讶的是，书写的历史应该是一位灰姑娘，对有文化的人和没有文化的人都一样。这种历史不是在大学里学习的课程，也不是在中学里学习的课程，更不是在小学里学习的课程。没有一个著名的博物馆认为有必要向公众举办一个有关书写发展的公开展览。"①

由于把注意力放在了外在的发展方面，因此，人类没有对这个魔术般的工具给以足够的重视。

书写完全不同于字母表。它包含了一系列用实际和永久的方式传递思想的尝试。书写的历史可以追溯到几千年前。起初，人类试图通过绘画的方式表达他所想的事物；后来，他又试图用符号代表思想；只是到了最后，

---

① 迪林格：《字母表》（*The Alphabet*）。迪林格已在英国剑桥大学建立了这样的一个博物馆。——英文本译者注

他才在字母表中找到了一个简单的解决方法。

现在没有必要用图画来表达思想，而只需要用具有发音成分的语言来表达思想，因为只有语言才能真正表达更为复杂的思想内容。字母表使我们做到了这一点，因为它忠实地转换了口语词汇。

字母表的功能还没有在普通的书写教学方法中被认真考虑过。它只是在分析书面语时才展现出来，而实际情况是，字母表是口语的忠实复制品。它已与书写紧密融合，但它自己的目的既没有被重视，也没有引起关注。 118

因此，字母表只是枯燥学习的开始，它的目的和优势却长时间地隐藏在儿童的心里。书面语，即使是完美的拼音语言，其教授方式恰恰和教汉语符号的方式相同。因为汉语的符号和构成单词的音之间没有联系，所以，它不具备字母表那种令人称奇的简练和实用。

1907年，我们在罗马开始对三岁至六岁儿童做了一个实验。我相信，这是一次唯一通过直接把字母表的印刷符号和口语联系起来而不用书本来教书写的尝试。不可思议的意外结果是：儿童的书写能力爆炸式地提高，一个个完整的单词开始源源不断地从儿童的大脑里流淌出来。他们用自己的小手在黑板上、地板上和墙壁上写满了单词，其创造性活动是不知疲倦的和值得称赞的。这种令人惊讶的现象在四到四岁半儿童中间发生了。

我确信，这种从前的经验在今天扫除文盲的斗争中将被证明是有用的，因为它能使我们利用这个自然资源。

把书写放在其真正的和简单的位置上，也就是将书写和口语直接联系 119
在一起，其本身已经是向前迈进了实质性的一步。这种方法既能应用于儿童，也能应用于成人。因此，书写成了自我表达的一种形式，唤起了人们的兴趣和活动，这是受显而易见的征服欲和获得新力量的欲望的驱动而产生的热情来提升的。

在个人形成书写能力的第一阶段后，书写成为一个护身符，能使书写掌握者遨游文化的海洋，并为他自己开辟了较为广阔的新天地。所以，当书写能力在这一阶段作为一种新的自我表达形式而被获得时，各种书本、教材和初级读本肯定会被废止。因此，字母表就像征一把打开心灵之门的钥匙。

文化本身有别于书写。然而，如果可以想象在字母表发明之前存在着一个拥有广泛经验和道德价值观的文盲，那么，在我们这个时代，难以想象这样的一个文盲可以真正参与到具有他那个时代特征的文化中去，无论其品德多么高尚。

就语言而言，区分这两个不同的方面会有很大的实际帮助。书面语涉及自我表达的能力，它是一个可以引用到个性的、非常简单的机制。对它的各个部分可以进行分析，正确地讲，这种分析是有很大价值的。

是做一个有文化的人，还是做一个没有文化的人，也就是说，在文化意义上，知道如何书写与不知道如何书写并不是一回事。

120　　书写仅仅与字母表有关，最终与口语和语音的辨析有关。要做一个识字的人、一个受过教育的和有文化的人，就意味着他已经深入到与外部世界相联系的文学之中，即与那些记载各种形象和思想的书本（即与阅读）相联系的文学之中。

当"书写爆发"作为书写早已被征服的一个结果时，我们从四岁儿童那里获得的经验显得尤为重要。实际上，语言的基本发展要延续到五岁，因为这一阶段儿童的心理正处于一个一切都与单词有关的活动阶段。

我们可以把这个时期称为"生命的成熟期"——书面语就像果子一样成熟了。这个果子的成熟过程不仅取决于播下的种子和对土壤的耕作，而且很大程度上也取决于播种的季节。

就语言的机制而言，分析书写能力使得我们通过字母表把书写与口语联系起来，这对成人和儿童来说都是非常有用的，但是，合适的时机能使口语处于自发地自我完善的过程之中。这是大自然就这个目的而为儿童安排的"敏感的心理时期"（sensitive psychic period）。我们这里实际上可以使用"书面语言发展"这一术语，因为将字母表与单词的发音联系在一起，这两种语言就可以不断发展、扩大和丰富，就好像它们形成了一个有机的整体。

这个机制的建立是一个自然的过程。口语一开始是长时间含糊不清的咿呀儿语，这使得发音器官机械地运动。只有到儿童两岁时，这些运动才逐步确定，语言在智力的驱动下得以更为直接的发展。它不断接受一些新的单词，完善语言的实际建构，从环境中和儿童周围的人那里学习语言。因此，有两个不同的阶段：一个是通过长时间练习的方法准备语言机制（即语言器官的正常功能）的阶段；另一个是智力阶段，即语言在其构建表达能力方面的发展阶段。

在第二个阶段，字母表在有助于促进语言进一步发展完善方面的作用，与智力在有助于成人通过获得文化，即在成人知道如何阅读和书写时得以发展完善方面的作用是一样的。

重要的事实是，字母表的学习和随后的书写能力促进了儿童语言的发展。由于字母表确实对这一时期产生的自然发展起到了帮助作用，因此，儿童强烈地渴望学习字母表。

正如我们前面所提到的，字母表的那些符号具体体现在可以触摸的各种物体上，因此，它们不仅可以作为一种刺激将有意识的活动引向最初无意识获得的清晰的语言上，以及引向对构成单词的音节的分析上，而且它们也给予这些音节一种用眼睛可以一直看得见的形状。

121

122　　　**活动字母表**①是一种较为方便的教具，用手移动它们就可以构成不同的组合和拼成不同的单词，就像拼图玩具的各个部分一样。因此，这种活动字母表引导儿童开始了一种奇妙的征服。

什么样的征服才是真正不可思议的呢？

这么几个字母就可以使儿童构建他拥有的**全部单词**，甚至别人说的那些话，因此，这种简单的智力练习有助于口语的形成、完善和巩固。

这些练习的基础显然是分析单词，即根据发音（而不是根据字母的人为的名称）分析单词的拼写。它是一种完美的内在练习，让儿童通过评估使自己的语言成为字母的组合。这是儿童以前从未进行过的练习，如果没有这些看得见的活动字母符号提供帮助，那是不可能做到的。

因此，儿童**发现**了他自己的语言。他每一次构成单词的尝试都是基于观察的，以发现那些构成他希望复制的单词的语音。

这些练习对于成年文盲来说是有意义的，实践证明成人对这种练习也是有兴趣的。②字母表可以成为所有人的一把钥匙，开启探索语言之门并

123　唤起新的兴趣。兴趣不仅仅是通过这样的分析唤起的（尽管这样的分析有助于克服书面语的正确拼写时所遇到的困难），而且是因为兴趣使我们认识到这个事实，即字母表上的字母数量是很少的。然而，尽管它们的数量很少，但它们可以在任何场合下表达所有各种形式的语言。例如，如果一个成人可以背一首诗或一段祷文，那么，这首诗或这段祷文中的单词都是由字母

---

① 活动字母表，是蒙台梭利方法所提供的发展手段的一部分。参见蒙台梭利《儿童的发现》一书。——英文本译者注

② 意大利的"全国扫除文盲联盟"（National Union for the Struggle Against Illiteracy）曾请求蒙台梭利博士撰写一篇文章，题为《对成人进行书写和阅读教学的方法介绍》（*Introduction to a Method to Teach Writing and Reading to Adults*），1951年在罗马发表。此后，这种教学方法的应用获得了极大的成功。——英文本译者注

组成的。难以想象的是，整个图书馆的书籍以及所有每天填满无数家报纸版面的新闻都是字母符号的组合。一个人在环境中听到的对话以及广播中播送的讲话都是由这些符号——字母表上的字母所代表的这些语音构成的。不难想象，某个没有文化的人也许会觉得他自己在这一点上有所认识，因而在精神上得到了升华。这对他来说，也许是一种启示和灵感。

然而，并非这些想法吸引了儿童的注意力，而是儿童的生命力在起作用。字母表的练习给予他极大的热情，因为在语言发展的阶段，儿童的内心有一股正在燃烧的火焰激励他自己努力去创造。

在我们开办的第一批学校里，儿童手里经常拿着硬纸板做成的字母在空中挥舞，好像这些字母就是旗帜一样，同时他们用欢乐的呼喊声表达他们自己充满激情的活力。

在我的一些著作中，我曾提到儿童自己到处走动，像修道士一样沉思，轻轻地分析着单词——自言自语地说"构成Sofia，你需要s-o-f-i-a"。他提到的是个别的音，而不是字母的名称。

有一次，一位父亲问他的在我们学校上学的孩子："今天，你好吗？"　124
孩子加重语气地回答说："好的。"（Good--g-oo-d）这个孩子所想到的就是这么一个词，而且，他马上就将其分解成一些单音。

用活动字母表进行的练习把整个语言置于运动之中。这些练习激发了一种真正的智力活动。

然而，应该指出的是，在所有这样的练习中，手并没有在书写。儿童可以记住冗长的、较难的单词而无须去书写，甚至他的手根本没有拿笔。

组合单词的练习只是为书写做准备。不过，在进行这样的练习时，阅读和书写已被潜在地包含在其中——因为这种练习客观上带来了单词的书写，因为我们看着这些单词并加以分解时也就是在阅读。所以，经常进行这样的练习不仅为书写铺平了道路，而且也纠正了拼写方面的错误。通过这样的练习，也能构建口语和书面语的单词。

在一些普通学校里，当儿童们开始书写的时候，单词经常被拼写错。在普通学校里所遇到的这种难题（现在美国甚至开办了拼字诊所），完全可以通过活动字母的组词练习来解决。这样的练习为没有书本的阅读做好了准备，也为不需要真正拿笔的书写做好了准备。

正如我所下的定义："书面语是由其机制传递的。"

125　真正的书写，也就是用手拿笔缓慢而费力地书写字母表上的字母，只是一种执行机制。它完全与包含在书写中的智力活动相脱离，仅仅是由打字机和印刷机打印出的书面语。手是一种活的机器，手的运动是要练习的，只有这样，手的运动才能更好地服务于智力。这样的练习准备是通过增强必要的运动协调性的各种练习来完成的。

这里，我们需要对智力与执行机制加以区别，因为它们在实践中需要不同的准备过程。

如果在书写的过程中开始学习书写，那我们就会遇到困难，尽管这些困难并不是不可逾越的，但无疑成了精神力量的一个障碍。这好像是一个有足够智慧和各种想法而急于想表达的人，还没有找到他自己可以随意支配的发音机制。在尝试教聋哑人说话时，我们采用了类似于普通学校在书写教学中所遵循的程序。这种尝试仅仅旨在通过尽量说话来激起发音的运动，就好像在努力书写时坚持使手做好书写的准备一样。

如果一个工人在手已经僵硬的情况下用精制的水笔或铅笔开始学习书写，那么，他进行的练习对他来说肯定是非常困难的、别扭的和令人沮丧的。碰到笔尖裂开、铅笔芯折断以及墨水把纸弄脏的情况，这样的练习是最令人灰心丧气的。然而，这种不完美的练习结果使他的良好愿望经受了一个严峻的考验。

在一些小学里，铅笔实际上成了一种折磨儿童的工具，书写成了不断 126
强制的和不断施加惩罚的一种苦役形式。

所以，手也需要在书写之前做好准备。在真正开始书写之前，需要做
的事情就是通过一系列有趣的练习来学习书写。这种练习类似于促使身体
肌肉敏捷活动的体操练习。

手是外部器官，其运动会直接受到教育的影响。实际上，手的运动是
看得见的，也是简单的。它不像发音机制需要诸如舌头和声带的内部器官
的隐秘的、看不见的运动。

用手书写需要某些可以分解的协调动作，包括手指之间夹住书写工具
的动作，用笔缓慢而费力书写时必要的配合动作，以及谨慎地描写字母表
上的字母的细微动作。此时，手应该一直保持轻松而稳定的状态。

这些不同的动作能够通过一个接着一个的不同练习来做好准备。

无论对我们学校的儿童来说，还是对成人来说，可以想出不同的手工
活动形式，每种形式都为这些动作元素做好准备。

在移动我们设计的感官训练中所使用的教具时，儿童的手也在为书写
所需的全部动作做准备。①

因此，只要正确地说明如何使用书写工具就可以了。

正确使用书写工具给儿童带来一种新的乐趣。 在童年早期，由于自然 127
本性的驱使，儿童开始协调手的动作，这从他们渴望用手触摸、抓握和摆
弄周围的一切物体就可见一斑。儿童的手在"游戏的年龄"通过生命本身
的引导参与了为书写而进行的间接准备。在这一时期，儿童确实也有热情

---

① 这就是蒙台梭利在《儿童的发现》一书中所提出的为书写进行间接准备的方法。——英文
本译者注

去画去涂。但是，这种由自然力量赋予的拥有一只"新"的手的巨大优势，在成人身上甚至在六岁儿童身上再也找不到了。

儿童已经从这些活动的敏感期（游戏的年龄、触摸的年龄）中脱离出来，所以，他已经随意地确定他的手的运动。

一个劳动者的情况仍然是糟糕的，因为他在学习书写时，必须首先消除他的手在劳动中已经形成的某些习惯。

然而，正确地看待这个困难，我们不难发现，即使是成年文盲的手，通过进行一些手工练习特别是一些绘画练习，也可以很好地间接使他的手做好准备。绘画是不应该随意去画的，但借助一些手段就可以画得很精确。这些手段指导绘画者的手的活动，并使他获得可视性好、画得也很精致的装饰画。

因此，可以有一种体操训练来使手的机能做好准备。就其目的而言，这种准备可以与书写的其他智力训练方式（如活动字母表的方式）相比较。为了征服书面语，心和手须分别进行准备，可以说是殊途同归。

128　　最后一个需要完成的动作是用手有效地书写眼睛已经看清楚的字母符号。这是现在唯一缺乏的东西。

学校里使用的那些普通方法，包括让儿童抄写现成的和放在眼前作为示范的字母。这看上去有些道理，但实际上是毫无意义的，因为手的运动和眼的运动没有直接的联系。看并不能完全帮助手去书写。只有在边看示范边书写的过程中，人的意志才起作用。

就口语来说，那情况就不同了。人在讲话时，听和说是相呼应的，这主要是在于人类具有这种特有的特征——听和说两者之间的神秘而密切的关系。说到书写，它是一种人为的努力，其结果可能是一系列不完美的、令人厌烦和使人沮丧的尝试。

现在，手可以借助于触觉和肌肉感觉而不是借助于视觉直接书写字母符号而得到训练。所以，我们为儿童们准备了用砂纸剪出来并贴在光滑的硬纸板上的字母。儿童按照大小和形状复制这些活动字母。我们教儿童们依照书写所遵循的方向来书写这些字母。

这个方法虽然非常简单，但效果却令人惊讶。

因此，可以说，儿童把字母的形状印在他们自己的手上。当他们开始自发地书写时，他们的书法近乎完美。而且，所有儿童都用同样的方法书写，因为他们都触摸过相同的字母。

对于没有文化的劳动者而言，他们可以采用相同的方法。任何劳动者都可以在他手指的触觉感的引导下在砂纸上书写字母。因此，他可以按照这种与字母表上的字母相对应的简单设计中的所有细节要求去做。

据我所知，两个世纪前，一位在梵蒂冈工作的画家就是用这种方法训练成人书写的。那时候，书仍然是用手在精致的羊皮纸卷上写成的，这是艺术作品。漂亮的书写是专家的必要技艺，但即使在那个时候，也很难书写出细节十分完美的作品来。

那位画家想让他的学生描绘示范的作品，而不是去抄写，因此，他成功地训练出不少下笔如风和书写优美的人，而采用其他方法达到这一点可能需要很长时间的训练，即使那样也未必总是成功的。

这如同"哥伦布的鸡蛋"[①]一样简单——既实用，又符合逻辑。

现在万事俱备，儿童的手就可以有效地书写了。如果他心里已经完成了组词的练习，那么，书写就会突然"爆发"了。书写出的东西立即就是

---

① 哥伦布（Christopher Columbus，1451—1506），意大利航海家。1492年横渡大西洋发现美洲大陆后，在西班牙国王举行的一次宴会上，哥伦布把鸡蛋尖的一端轻轻地磕了一下，就使鸡蛋竖立在桌子上，以此反驳那些对他横渡大西洋不以为然的贵族绅士。——译者注

一些完整的单词，甚至是一些完整的句子，好像是依靠魔法但又好像是依靠大自然赋予的新礼物。

130　　这就是四岁儿童所经历的著名的"书写爆发"期间发生的事情。他们写出了手触摸出来的形状，因而写得非常好。而且，他们书写的单词拼写无误，这是依靠前一阶段的智慧单独获得的。

　　儿童学习书写的速度是惊人的。我在最初的实验中发现，儿童10月份第一次接触字母表，但到了圣诞节前后就可以给他们的捐助者写信了，甚至在这之前，他们已经在黑板上书写给来访者的欢迎词。

　　值得注意的是，儿童的手通过长时间地操作触感强的教具已间接地得到了训练，而且，意大利语几乎是一种完美的音形一致的语言，只用21个字母符号[①]就可以完全拼写出来。

　　即使是音形不一致的语言，同样的现象也会发生，尽管花费的时间要长一点。在所有使用音形不一致的语言的国家里，如英国、荷兰和德国，六岁儿童已可以阅读和书写了。

　　说到阅读，在某种意义上，活动字母练习已将其包含在内。对于完美的音形一致的语言来说，阅读能力的提高不需要借助任何东西，只要儿童有想了解文字之类秘密的强烈冲动。

131　　我们的年幼孩子星期天与父母一起出去散步，常常会在商店门前停留很长时间，辨认它的店名，尽管这些店名都是用大写字母写成的，而当时儿童仅仅学过草体字的活动字母表上的字母。

　　因此，儿童实际上完成了类似于辨认古代人书写的文字这样的工作。

---

　　① 这种方法对学习印度的一些语言和文字也是非常成功的，在由蒙台梭利国际协会在印度主办的蒙台梭利培训课程上对这种方法进行了讲解。今天在印度的由蒙台梭利国际协会创办的蒙台梭利儿童之家里可以看到这种方法的实际应用。——英文本译者注

这样的一种努力只能够通过对依靠辨认而理解书写内容的一种强烈兴趣来唤起。

记得有一次，在我们创办的第一所学校里，来上学的儿童的家长都是文盲，所以，他们家里也没有什么书籍，其中一个儿童拿着一张从家里带来的皱巴巴、脏兮兮的纸说："猜猜这是什么！"大家回答说："一张脏的纸。"这个儿童说："不……是一个故事！"其他儿童围着他，露出十分惊讶的表情，最后所有儿童都信服地接受了这个千真万确的真理。

此后，儿童开始找书，并把其中的一些书页撕下来带回家。

这一经验表明，学习阅读更多地依赖于心理活动而不是依赖于教学。

五岁儿童可以一本书一本书地阅读，阅读为他们提供的乐趣和愉悦与过去成人给他们讲童话故事和新鲜事带来的乐趣一样多。

*儿童对书本感兴趣是因为他们知道了如何去阅读。*这一点是如此明显，再说似乎是多余的。

然而，在一些普通学校里，阅读是直接从书本开始的。在那里，儿童们必须通过读书去学会阅读。

读书人起初是在旧的偏见下受到训练的。这些偏见认为，今后要不断克服许多想象中的困难。

开始时，先学短的单词，然后学长一点的单词。音节也是先易后难，以此类推，换句话说，儿童每前进一步，前面都有障碍。

但是，这些困难实际上是不存在的。儿童已经知道母语中长的和短的单词以及所有的音节。现在所要做的事情是，分解这些音节并找到与每个音节相对应的字母符号。就这么简单——尽管对于那些不了解这个道理的人来说似乎是难以理解的。阅读不应该用来克服这里提到的那些困难。

阅读是书面语进入文化领域的入口。与书写不同的是，阅读是一种自

132

我表达的手段，其目的是通过字母符号的形式收集和整理由那些"默默地告诉我们"的人所说的话和所表达的思想。

阅读也需要准备的帮助。

尽管这里不可能详细描述我们为此所准备采用的手段，但是，我只想强调，阅读不是从书本开始的。我们的阅读是从借助一系列教具（包括写着儿童熟悉的物体名称的小纸条）开始的。儿童必须明白他阅读的那些单词的意思，然后把小纸条放在所指明的物体旁边。接着，我们说一些指明已采取行动的短句。给予"物体名称"所教的是区分特定的词性，即名词；"做出行动"所教的是区别另一个词性，即动词。因此，用这种方法准备的最初的阅读练习就可以引导儿童学习语法知识。[①]

两岁儿童不仅拥有不少单词，而且还拥有表达思想所必需的单词系列组合。但是，仅仅有单词还不足以表达思想，因此，把单词放在一定的语序里，同样是必要的。

每种语言都有它自己特定的语序，而这一语序完全是由自然在人的生命最初的两年里传授给每个人的。

正如儿童在字母单词构建时期将单词分解成音节有助于他有意识地认识自己的语言一样，基于词性分析的阅读同样有助于儿童了解语法结构、每类词的功能以及在句子中占据的位置。

因此，语法具有一种"构建"的功能，与分析的功能非常相像，但在一般方法中并没有把语言学习看作一种解剖——为了分析而把语言分解成若干部分。

普通的语法阅读纸条不仅是短小、易懂和明确的，而且是有趣的，尤

---

① 详见蒙台梭利的《儿童的发现》一书第17章和第18章——著者注

其是这些纸条也伴有一些肌肉运动，不仅是手的运动，而且是整个身体的 134
运动。这些积极的语法阅读练习带来了有助于语言探索的活动和游戏的发
展，也就是说，儿童已经无意识地获得了那些自我表达的方式。

于是，当儿童有意识地面对语言时，**对已获得的语言的探索**就要依靠
与阅读相连的、有吸引力的和具有实际意义的练习手段来进行。

由于阅读是靠眼睛看完成的，因此，句子的字体要写得大一些，并且
要采用各种颜色以使之更有吸引力，不同的词性可以用不同的颜色来写。
这不仅有助于儿童的阅读，而且有助于他们更清楚地区别不同的词性。

在这个阶段，也就是生命的这个时期，帮助儿童纠正他说话中的语法
错误，正如在更早的构建单词练习的时期用活动字母表帮助儿童纠正拼写
错误一样。

在我们的经历中，那些不理解我们工作和方法的人会发现他们很难理
解一些已表现出的事实。例如，有这样一个事实：这些练习是没有连续性的。
它们不仅是互不相干的，而且那些做过的练习还会重复做几遍。在普通学
校里被认为比较难的那些练习，可能放在其他被认为比较容易的练习的前
面做了。所有这些练习又可能在同一个上午被反复地做。也会出现这样的
情况：一个五岁儿童在阅读完所有的书之后，可能又会很有激情地重复进
行那些语法阅读练习以及与练习相关的游戏。

所以，阅读可以直接进入文化层次，因为这些练习不是仅仅限于阅读，135
而是构成知识进步的一部分——学习自己的语言。在这个辉煌的发展过程
中，遇到的所有语法困难都可以被克服，甚至那些细微的词尾变化，如
前缀、后缀、词尾变化等，都成了语言探索的有趣目标。这些细微的词尾
变化是单词为适应表达感情的语言的细微变化而采用的。动词的词形变化
引发了一种哲学意义的分析，其目的在于认识句子中动词的不同形式表示

在不同时态中动词的发音变化。它并不是指说话者在说话过程中所采取的一种有效行动。这种对动词的反思性探索也在儿童意识中唤起了不同的时间和空间概念。采用其他方法学习不规则动词本来是很困难的，但是，这些动词早已出现在儿童所说的语言中，现在只是"发现"它们是不规则的而已。

当然，当一个人必须学习一种外语但一切都要从头学起的时候，所有的情况就完全不同了。

但是，他的母语的语法在普通学校里就不要学习了吗？

实际上，母语还是要学习的，只是像学习一种外语而已。

那种神圣而神秘的创造性工作、那种大自然的最伟大的奇迹被忽视和遗忘了。

现在，很容易理解为什么这些语法阅读练习也可以用于没有文化的成人，因为这些练习简洁明了。

136　　否则，为了学习阅读，他们还要花力气搞懂书里的内容，这样的书除了单调统一的印刷体外并没有任何的吸引力。他们需要同时知道这两种不同的字母，即书写体和印刷体。这是一个附加的困难。

对语言的语法探索不仅有助于儿童的阅读，而且为儿童带来了富有激励作用的乐趣，因为这样做使得他开始有意识地注意自己已经掌握的语言。与此同时，阅读也迫使我们集中精力地进行从无到有的思考。

另外，我们在实践中不难发现，许多教师愿意教没有文化的成人，但他们自己拥有丰富的语法知识。为此目的而编写和准备的教具也可以弥补那些临时教师的不足，同时使教师自己更容易进行教学。

谈到第二次世界大战后不久在英国进行的一项实验，一位爱尔兰教师说："我过去为自己应该做的一切事情感到不安，但现在那些教具弥补了我的不足。整个班级成了一个真正的语法工厂，工厂里的每个工人虽然很忙碌，但很开心。"

正如我前面所说过的，文化本身一定不要与学习阅读和书写相混淆。

一个五岁儿童接受了文化教育，不是因为他掌握了书面语，而是因为他很聪明和将要学会很多东西。

实际上，我们的儿童在六岁时已经学到了很多东西和各种知识，包括生物、地理、数学等方面的知识。这些知识是儿童从直接接触可以看得见的和可以动手操作的教具那里获得的。

137

但是，这是一个不同的题目，并不是我想在这里讲的。我只想谈论诸如消除民众中的文盲这样十分迫切的问题。

文化可以通过口语的手段进行传播，也可以通过收音机和留声唱片进行传播。幻灯和电影也有助于这样的传播。总之，它必须通过得到教具帮助的**活动来进行**，从而使儿童自己获得文化，并根据他寻求自身发展的规律和得到自身发展的规律引导的心理天性获得进步。这些规律证明，文化既是儿童通过个人体验的手段获得的，也是儿童通过重复进行总是要求有趣的手的运动练习，以及运用与智力发展相配合的器官获得的。